Cpa Marketing Fórmula Smartlink

Una guía de Marketing para principiantes para ganar dinero con las redes CPA

Francisco González

Copyright © Francisco González
Todos los derechos reservados.
ISBN: 9798423941123

Quiero expresarte mi más sincero agradecimiento por haber elegido este libro, el cual espero que pueda ayudarte a **entender mejor el marketing**.

Si necesitas contactarme por cualquier asunto relacionado con este Ebook, por favor hazlo a través de los comentarios, intentaré responder a la mayor brevedad posible.

Este Ebook está protegido por las leyes que rigen cualquier obra de este tipo. Esta estrictamente prohibido su copia, modificación, o distribución total o parcial por cualquier vía sin el permiso expreso del autor.

Exención de responsabilidad

Este libro ha sido escrito con la intención de proporcionar información general y entretenimiento. El autor ha realizado todos los esfuerzos razonables para asegurarse de que la información contenida en este libro sea precisa y actualizada en el momento de su publicación. Sin embargo, no se garantiza la exactitud, exhaustividad o actualidad de dicha información.

El contenido de este libro no pretende sustituir el asesoramiento profesional, médico, legal o financiero. Los lectores deben consultar a profesionales adecuados en relación con su situación específica antes de tomar cualquier acción basada en la información presentada en este libro.

El autor y el editor no se hacen responsables de ninguna pérdida, daño o inconveniente causado como resultado del uso de la información contenida en este libro.

Tabla de contenido

Introducción 1
Capítulo 1; Que es el marketing CPA 8
¿Qué es y qué son las redes CPA? 10
Tipos de ofertas CPA más comunes 11
El registro en una red CPA 13
Preguntas comunes en redes CPA premium (y cómo responder) 14
¿Cómo funcionan los pagos en CPA? 15
Redes CPA más conocidas (y cómo elegir las tuyas) 16
Glosario básico (para que hables el idioma del CPA) 17
Resumen del capítulo 1 18
Capítulo 2; Promoción u oferta 19
Tipos de ofertas CPA más conocidas 20
¿Qué tipo de tráfico funciona mejor con cada oferta? 22
Tipos de publicidad para las CPA 22
Compatibilidad oferta + tráfico; la regla de los 3 filtros 27
Un plan para promocionar ofertas CPA 27
Pruebas y pruebas para comenzar (son inevitables...) 30

Aclaraciones; el riesgo en CPA 31
Resumen del Capítulo 2 32
Capítulo 3; Marketing Cpa sin gastar mucho dinero 36
Probando un solo link 38
Segunda parte; 43
Resumen del capítulo 3 45
Capítulo 4; CPA avanzado 47
¿Por qué necesitas un sistema de conversión? 48
Lo que necesitas para empezar 49
Cupones para comenzar 50
El sistema; cómo estructurarlo 51
Guía práctica; Cómo crear un advertorial en WordPress + Elementor (paso a paso) 52
Requisitos mínimos para cumplir con Google Ads, Bing y Yahoo 55
Landing pages vs. Advertoriales; ¿cuál usar? 55
Herramientas para crear landing pages rápidas 57
Ejemplos reales de advertoriales efectivos 58
Automatización y escalamiento – Email, solo ads y DSPs 59
Resumen del capítulo 4 62
Capítulo 5; Creando campaña cpa 64
El registro en otras redes 64
Una fuente de tráfico 65
Primeros pasos 66
Creando la campaña 67

Resumen del capítulo 5 73

Capítulo 6; Algunos consejos y recursos 75

Para los bids (gasto por impresiones); 75

A nuestra manera para que nos beneficie; 76

Presupuesto, pruebas y test 76

Para la elección de los países 77

Diferentes fuentes de tráfico 81

Opciones de tráfico popunder 81

Tráfico popunder avanzado 82

Resumen del capítulo 6 84

Capítulo 7; Tracking y análisis de datos para principiantes ...86

¿Qué es el tracking en CPA? 88

Métricas clave que todo principiante debe entender 90

Cómo leer los reportes de tu red CPA (ej. Mobidea) 93

Introducción al tracking con Bemob (paso a paso para principiantes) 95

Cuándo detener una campaña (protocolo para principiantes) 98

Cómo usar los datos para mejorar tus próximas campañas 100

Errores comunes de tracking (y cómo evitarlos) 102

Resumen del Capítulo 7 105

Apéndice; Recursos actualizados para tu viaje CPA 107

Conclusión 114

Sobre el autor 117

Cpa Marketing Fórmula Smartlink

Introducción

Es cierto que con las redes cpa se puede ganar dinero, **mucho dinero**, sin embargo, existen demasiadas variables para que esto ocurra. Lo más natural es frustrarse en el camino porque no tendrás claro que ofertas promocionar, en que países o qué tipo de tráfico enviar, todo un lio...

Las redes cpa, ofertas cpa o el marketing cpa (coste por acción) es un eco sistema que consiste en conseguir registros, en su gran mayoría gratis que facilitan bastante las conversiones. Códigos postales que son los menos frecuentes, pruebas gratis con un mínimo de inversión inicial, etc.

Las redes cpa te pagaran cuando consigas un registro, un código postal, un email, un teléfono, tal vez una compra, todo esto cumpliendo las directrices de cada oferta, respetando el tipo de tráfico, la edad que se requiere para determinadas ofertas, los países aptos para convertir, etc.

Frustraciones

Visto lo anterior es muy común tener muchas frustraciones con el cpa porque son muchos los detalles a tener en cuenta. Sobre todo, si no estás familiarizado a tantas variables y cambios constantes. No solo del tipo de ofertas sino de los anunciantes, del pago, de los países y de muchas otras.

Puedes encontrarte en un "impasse" de donde no sabes cómo salir. Por un lado, quieres promocionar algunas ofertas cpa que te generen algún rendimiento. Por otro lado, no sabes que red elegir o que ofertas promover. Una vez que vas definiendo los conceptos anteriores te encuentras con otro tipo de problemas como las ofertas que vas a promocionar y de qué manera.

Supongamos por un momento que ya has elegido una red cpa con la que trabajar y una oferta cpa en particular. Después **decides la fuente de tráfico** que utilizaras para promoverla y te aseguras del resto de los detalles que te pide el anunciante. Todo el sistema que tienes montado parece tener un poco de lógica.

Una vez que estas corriendo la campaña vas recogiendo toda la información que puedes sobre el país, la cuidad, el sistema operativo y otros datos y con un poco de suerte comienzas a conseguir algunas conversiones. **Afinas la campaña** hasta el punto que te va dando algún rendimiento y de repente te encuentras que un buen día no estas consiguiendo las conversiones habituales.

Te pones a investigar y descubres que hay cambios en la oferta y que no te dan ningún rendimiento. ¿Cómo?

¿Nada? Si, este punto es bastante habitual en las redes cpa, de repente, sin avisar, **han cambiado la url final** o el anunciante ya no quiere promocionar en ese país y simplemente te encuentras enviando tráfico gratis para el anunciante.

Normalmente este hecho no suele ocurrir en las redes cpa consolidadas o que llevan un buen tiempo funcionando ya que te informan de cada cambio en cada oferta siempre que tengas activada la opción de recibir notificaciones. Pero es verdad que puede ser muy frustrante encontrarte en dicha situación. Ya es bien complejo tener que estar pendiente de tanta información como para preocuparse de estos detalles extra de los que no ganas nada.

Que promover

Existen cientos de redes cpa que nos ofrecen miles de ofertas para promover, de todo tipo, juegos, citas, descargas, casinos, dietas, etc., cuál de ellas elegir para promocionar, elegimos una, dos, todas, que nicho elegimos, salud, juegos, dinero...

Es muy común que con estos datos y con tanta información suframos un "colapso", no sabemos que oferta promocionar, no estamos seguros del nicho más rentable, en la mayoría de los casos las personas simplemente desisten.

Qué trafico utilizar

Los más expertos "gurús" te pueden recomendar utilizar tráfico de empresas PPV con una inversión inicial de $1.000, esto sería lo ideal, el problema está en que no todo el mundo dispone de dicha cantidad de dinero y ni mucho menos están dispuestos a arriesgarlo.

Que países enviar el trafico

Estados unidos, Reino unido, Australia, Canadá, estos son los países más utilizados, por defecto son los más caros de promocionar. Esto sería lo ideal para promocionar ofertas cpa, también sería lo ideal poder gastar $1.000 cada día y promocionar las mejores ofertas.

Sin embargo, existen más de 150 países donde poder promocionar infinidad de ofertas cpa, existen millones de personas en estos países que estarían dispuestas a registrarse en una oferta, hacer alguna descarga, dejar su código o su teléfono, etc.

Que redes cpa elegir

Existe otro problema muy común en el mundillo de las redes cpa, hay demasiadas y no todas ellas cumplen con las expectativas que más nos gustaría. Unas te piden mucha experiencia, otras te exigen que la demuestres, algunas no permiten registros que no sean de países en inglés.

Algunas de ellas te tardan demasiado en pagarte **otras nunca te pagan.** En ocasiones te encuentras con redes que no te dan los materiales necesarios. Los novatos tienden a registrarse en muchas de ellas a la vez sin ver este tipo de problemas y terminan sin utilizar la mayoría de ellas o en el peor de los casos dividiendo esfuerzos y ganancias sin conseguir estabilizar ninguna de ellas.

Trafico y redirección

¿No te ha pasado enviar tráfico a determinados países, tal vez por equivocación, y no recibir ninguna comisión? Porque la oferta ahora no permite dicho país, sin embargo, esto no significa que la red cpa y la oferta no consigan ganar dinero con ello.

Hasta hace bien poco esto era un grave problema, no poder conseguir conversiones del tráfico "no valido". Hoy este problema, en algunas redes, está lo resuelto con redirecciones para las mejores ofertas.

Un solo enlace

Muchos afiliados de redes cpa están consiguiendo convertir en muchos países y esto no se debe a que gasten fortunas en promocionar ofertas cpa, no se debe a que utilicen sofisticados softwares con los que envían el tráfico, es más simple que todo esto. Se trata de una técnica poco conocida que resume las ofertas cpa en un solo enlace. Este enlace trabaja de forma dinámica y está basado en las ofertas que mejor convierten en cada uno de los países de donde procede el tráfico que enviamos.

Por ejemplo, si estás promocionando una oferta cpa en Estados unidos y por algún motivo entra tráfico de Reino unido, el enlace dinámico lo detecta e inmediatamente cambia para la oferta que mejor está convirtiendo en Reino unido. De esta manera no pierdes la oportunidad de conseguir conversiones por tráfico y no por países. Aprovechas al máximo la inversión y las conversiones y los rendimientos con las ofertas cpa son mucho mayores.

Con este sistema te olvidas de pasar horas buscando la información necesaria para encontrar las ofertas cpa que mejores conversiones tienen, los países donde están convirtiendo mejor o el tipo de tráfico que deberías enviar para cada una de ellas. Bien, como es mucha la información que te espera por delante a lo largo de este libro te lo explicare lo mejor que pueda con el máximo de detalles. Incluyo un sistema de configuración de campañas en una fuente de trafico barata conocida y algunas ideas sobre cómo manejar los presupuestos.

Al terminar este libro, sabrás cómo configurar tu primera campaña CPA rentable con menos de $20, usando solo un enlace inteligente y una fuente de tráfico económica. **Este no es un libro de teoría**; es una guía de campo. Cada capítulo incluye acciones concretas que puedes aplicar inmediatamente.

He probado cientos de ofertas, perdido (y recuperado) miles de dólares, y finalmente descubrí un sistema repetible. Ese sistema es el que comparto aquí. Empezaremos por los fundamentos del CPA, luego construiremos un plan de pruebas de bajo riesgo, configuraremos juntos una campaña en Mobidea + PopAds, y terminaremos con consejos para optimizar y escalar.

Hoy, con las redes sociales más restrictivas y el tráfico premium más caro, el CPA con smartlink y tráfico popunder ha vuelto a ser una de las pocas vías accesibles para principiantes. Este libro nace de esa realidad.

Capítulo 1; Que es el marketing CPA

Para entender mejor este negocio, te lo explico con más detalles en este capítulo. Es un modelo que crece cada día y puede ser otra manera de ganar dinero con internet —si se entiende bien y se aplica con método—. No obstante, pocas personas consiguen grandes resultados, y eso se debe a su complejidad práctica, no teórica.

El formato de una red CPA se basa en conseguir leads, es decir, registros; un email, un código postal, una descarga, una instalación o incluso una venta. Este enfoque facilita las conversiones en comparación con otros modelos de afiliación, y es uno de los mayores incentivos para que los afiliados se animen a promocionar ofertas.

Pero no te engañes; no es tan fácil como parece. De la teoría a la práctica hay un mundo lleno de sorpresas; unas buenas, otras no tanto. Comenzar es muy fácil… si eliminas de entrada las redes CPA que te ponen problemas en el registro.

Elegir ofertas no debería ser complicado, pero lo difícil es encontrar la mejor; aquella que más convierte y que te da los mejores rendimientos. Y es aún más difícil encontrar lo que yo llamo el "pack completo"; una red confiable, ofertas estables, tráfico asequible y pagos puntuales.

Para ser más claro;

✓ Encuentra una red CPA que no te exija experiencia previa para registrarte.

✓ Elige una o varias ofertas que creas que pueden convertir.

✓ Usa una forma de publicidad económica con la que puedas probar sin arriesgar mucho.

Y listo… ¿verdad? No, no es tan fácil.

Existen muchas particularidades; países que dejan de convertir sin aviso, ofertas que cambian de reglas, tráfico que parece barato, pero no convierte, y redes que prometen mucho, pero pagan poco (o nunca).

Y es precisamente de todos estos temas de los que te hablaré en este libro; desde qué es el CPA, pasando por cómo elegir redes y ofertas, hasta cómo crear un plan realista, hacer pruebas inteligentes y comenzar a ganar dinero gastando poco. También veremos CPA avanzado; advertoriales, email marketing, landing pages y fuentes de tráfico de calidad.

¿Qué es y qué son las redes CPA?

CPA significa Coste Por Acción. Para el anunciante, es lo que paga cada vez que un usuario realiza una acción específica (registro, descarga, compra, etc.).

Para el afiliado, es la comisión que recibe por cada acción válida conseguida.

Las redes CPA son empresas intermediarias que conectan anunciantes con afiliados. Ellas ofrecen cientos (a veces miles) de ofertas, gestionan el tracking, validan las conversiones y se encargan de los pagos.

Una de las principales diferencias con los programas de afiliados tradicionales (como los de Amazon o Shopify) es que la mayoría de las ofertas CPA no requieren una venta. En su lugar, se basan en acciones más simples;

- Dejar un email
- Completar una encuesta
- Descargar una app
- Confirmar un código SMS

Esto facilita mucho las conversiones, especialmente para tráfico frío (como el popunder). Aunque también existen ofertas basadas en ventas, no son lo más común en este ecosistema.

La red CPA actúa como árbitro;

- El anunciante define las reglas; país, edad, dispositivo, tipo de tráfico permitido, etc.
- El afiliado promociona la oferta como mejor sabe.
- La red verifica que cada conversión cumpla con las reglas y paga al afiliado solo si es válida.

Resumiendo; el marketing CPA es un triángulo de confianza entre anunciante, afiliado y red. Y tú, como afiliado, eres el motor que impulsa ese sistema.

Tipos de ofertas CPA más comunes

No todas las ofertas son iguales. Aquí tienes las más frecuentes, ordenadas de más fáciles a más complejas;

Email Submit

Qué requiere el usuario; dejar un correo electrónico. Nivel de conversión; alta. Ideal para; tráfico frío, popunder.

Pin Submit / SMS

Qué requiere el usuario; confirmar un código enviado por SMS. Nivel de conversión; media. Ideal para; países con buen tráfico móvil.

App Install

Qué requiere el usuario; descargar e instalar una aplicación. Nivel de conversión; media-alta. Ideal para; tráfico móvil.

Lead (registro)

Qué requiere el usuario; completar un formulario con datos como nombre, teléfono o código postal. Nivel de conversión; media. Ideal para; nichos como seguros, finanzas o servicios.

Venta (CPA por venta)

Qué requiere el usuario; realizar una compra real. Nivel de conversión; baja. Ideal para; tráfico cualificado, SEO, native ads o campañas con landing pages de alta conversión.

💡 **Consejo**; si estás empezando, comienza con Email Submit o App Installs. Son las más tolerantes con tráfico económico y te permiten aprender sin quemar tu presupuesto.

El registro en una red CPA

El CPA no es nuevo; lleva más de una década en internet. Los anunciantes descubrieron que es mucho más eficiente pagar solo por resultados reales que por impresiones o clics que no generan valor.

Por eso, las redes CPA más antiguas y consolidadas como MaxBounty ponen más barreras al registro. Y eso tiene sentido; prefieren pocos afiliados buenos que muchos que no generan conversiones.

¿Qué significa esto para ti? Que si eres nuevo, no debes obsesionarte con entrar en redes premium desde el primer día. Empieza con redes más accesibles como Mobidea, Adsterra o CPALeads, donde el registro es rápido y no te piden historial previo.

Con el tiempo, cuando tengas resultados (aunque sean pequeños), podrás usarlos como "carta de presentación" para acceder a redes más exigentes.

Errores comunes al registrarte

- Usar correos temporales (Mailinator, etc.) → rechazo automático.
- Decir que usarás tráfico de redes sociales si en realidad usarás popunder → violación de TOS.
- No tener una respuesta clara sobre tu estrategia → parece que no sabes lo que haces.

Consejos para ser aprobado

- Usa un correo profesional (ej. tunombre@dominio.com).
- Sé honesto; "Promocionaré ofertas de email submit usando tráfico popunder desde PopAds".
- Menciona que estás dispuesto a gastar $50–$100/mes (un número realista).
- Si te preguntan por experiencia, di que estás aprendiendo, pero que ya has probado campañas pequeñas.

Preguntas comunes en redes CPA premium (y cómo responder)

Preguntas;

¿Qué tipo de ofertas quiere promocionar?

¿Cómo va a promocionar las ofertas?

¿Alguna vez trabajó con alguna otra red de CPA?

¿Cuándo enviará tráfico a las ofertas?

Respuestas (en español);

Promovería ofertas de Email Submit, encuestas y descargas. Usaré tráfico popunder desde plataformas como PopAds y PopCash.

Sí, he trabajado con redes como Mobidea y Adsterra.

Tan pronto como aprueben mi cuenta, comenzaré con pruebas de bajo presupuesto.

In English (por si te registras en redes internacionales);

I would promote Email Submit, survey, and download offers.

I'll use popunder traffic from platforms like PopAds and PopCash.

Yes, I've worked with networks like Mobidea and Adsterra.

As soon as my account is approved, I'll start with small-budget tests.

¿Cómo funcionan los pagos en CPA?

Muchos principiantes tienen miedo de invertir porque no saben si les pagarán. Aquí va la verdad;

Métodos de pago; PayPal, Payoneer, transferencia bancaria, y en algunos casos, criptomonedas.

Umbral mínimo; suele estar entre $50 y $100. Mobidea paga desde $50, MaxBounty desde $100.

Frecuencia; semanal, quincenal o mensual, según la

red.

Validación; no todas las conversiones se pagan al instante. Algunas se revisan durante 7–30 días para evitar fraude.

⚠️ **Importante**; si una red no paga en foros como BlackHatWorld o STM, no la uses. **La comunidad es tu mejor filtro.**

Redes CPA más conocidas (y cómo elegir las tuyas)

Aquí tienes una lista de redes que uso o conozco bien;

Para principiantes (registro fácil);

- Mobidea
- Adsterra
- CPALeads
- Adbooth

Para nivel intermedio (requieren experiencia);

- MaxBounty
- Perform[cb]
- AdscendMedia
- W4

Para nichos específicos;

- CrakRevenue (adulto)
- GlobalWideMedia (finanzas, seguros)

📌 **Recuerda**; no se trata de estar en muchas redes, sino en las necesarias. Elige 2–3 que ofrezcan;

- Ofertas que conviertan en tu tráfico
- Pagos puntuales
- Soporte responsive
- Smartlinks (¡clave para este libro!)

Nota; algunas redes cierran o cambian de política sin aviso. Siempre mantén al menos una red de respaldo. Al final de este libro encuentras un **Apéndice**; con Recursos actualizados para tu viaje CPA

Glosario básico (para que hables el idioma del CPA)

- Lead; registro válido (email, teléfono, etc.)
- CR (Conversion Rate); % de clics que se convierten
- EPC (Earnings Per Click); ganancia promedio por clic
- Geo; país o región de origen del tráfico
- TOS; Terms of Service (reglas de la oferta)

- Smartlink; enlace dinámico que redirige según el país
- Popunder; anuncio que se abre detrás de la página actual

Resumen del capítulo 1

El marketing CPA es un modelo de afiliación basado en pagar por acciones concretas, no por impresiones ni clics. Es ideal para principiantes porque las conversiones son más fáciles que en otros modelos, pero requiere método, paciencia y pruebas controladas.

Las redes CPA actúan como intermediarias entre anunciantes y afiliados, gestionando tracking, validación y pagos. No todas son iguales; algunas son accesibles desde el primer día, otras exigen experiencia.

Tu objetivo no es registrarte en todas, sino encontrar 2–3 redes confiables que se alineen con tu presupuesto, tu tráfico y tu nivel de experiencia. Y sobre todo; entender cómo funcionan los pagos, los tipos de ofertas y las reglas del juego.

En los próximos capítulos, aprenderás cómo elegir ofertas, crear campañas con bajo presupuesto y usar la fórmula Smartlink para maximizar tus conversiones sin perder el control.

Capítulo 2; Promoción u oferta

Este capítulo lo he denominado de esta manera porque tiene su misterio. Muchas veces estamos tan "entusiasmados" en ver la cantidad de ofertas que podemos promocionar que no vemos que es más importante la promoción que la oferta. Pero no te preocupes que te lo explico un poco mejor.

Me puedo imaginar que estés más interesado en conseguir conversiones que no en conseguir una simple oferta. Ofertas ya sabes que las tienes en todas las redes CPA, sin embargo, conseguir conversiones es otra cosa bien diferente. Es por ello que antes de elegir una oferta deberías pensar en qué formas vas a utilizar para promocionarla. No es lo mismo tener un blog que tener un canal en YouTube, cada formato funciona diferente.

No es lo mismo que utilices Facebook Ads, Bing, Google Ads, PopAds, PopCash u otros miles de páginas de publicidad. Y no es lo mismo que quieras promocionar una oferta de citas que una de seguros de coche, cada una tiene un tipo de público objetivo distinto. Del mismo modo va a contar la experiencia que tengas en el asunto y tus conocimientos. Así como del tiempo de que dispongas para seguir y trackear y de la inversión que estás dispuesto a desembolsar y el riesgo que quieres asumir.

Es por estos y otros muchos motivos que si DE VERDAD quieres ganar dinero con las redes CPA necesitas de un plan bien estructurado. Dicho de otro modo, necesitas planificar cada oferta, junto con cada sistema de promoción para obtener resultados. Y todo esto antes de siquiera gastar un centavo.

Tipos de ofertas CPA más conocidas

• Downloads (Descargas)

• Email submit (Registro email)

• Registros (Lead)

• Apps (Aplicaciones móviles)

• Pin Submit (Código postal)

• Ventas

Si bien pueden existir muchos más tipos de ofertas, las anteriores reflejan un resumen de las más habituales. **Las descargas** consisten en que la persona interesada debe descargar e instalar el ítem propuesto para conseguir la conversión. **Las ofertas de Email submit** consisten en dejar los datos del registro requerido para validar. En ocasiones piden dos páginas de registro para la conversión y aun cuando por norma pagan un poco más puede ser más difícil convertir.

Los registros, en general, se basan en el mismo principio con menos requisitos. Los juegos son los más usados para este tipo de ofertas aun cuando existen muchas más categorías que los requieren. **Las Apps** son enfocadas para móviles y consisten en descargar e instalar la aplicación para validar. Puede ocurrir que pidan confirmación por email para completar la oferta. **Pin Submit** son las típicas que piden un código que es enviado al teléfono de la persona interesada. La conversión se consigue cuando este es confirmado.

Las conversiones por venta no tienen mucha explicación, consigues convertir cuando se realiza la venta. En este tipo de ofertas recomiendo, antes de promocionarlas, informarse de las condiciones en otros programas de afiliados.

¿Qué tipo de tráfico funciona mejor con cada oferta?

No basta con elegir una oferta; debes emparejarla con el tráfico adecuado. Aquí te explico qué combinaciones suelen funcionar mejor;

- Email Submit; ideal para tráfico frío como popunder o native ads. No requiere confianza previa.
- Pin Submit; funciona mejor en países con alto uso de SMS, como Brasil, México o India.
- App Installs; necesita tráfico móvil de calidad. Evita usar popunder en desktop para este tipo de ofertas.
- Registros (Lead); puede funcionar con tráfico frío si el nicho es atractivo (juegos, sorteos), pero con mejor resultado si usas advertoriales.
- Ventas; requiere tráfico caliente (SEO, email marketing, redes sociales con landing de valor). El usuario debe estar preparado para comprar.
- Regla de oro; si tu tráfico no entiende la oferta en menos de 3 segundos, no convertirá.

Tipos de publicidad para las CPA

Del mismo modo que están los diferentes tipos de ofertas, no toda la publicidad es válida para promocionarlas. El primer problema que podemos encontrar es que el anunciante no admite determinadas publicidades. Este hecho determinará los tipos de publicidad que además puede darnos una orientación extra para ofertas similares. La lógica nos dice que si el anunciante, primer interesado en convertir, no admite una publicidad, seguramente será porque no funciona.

PPV; Pago por visualización

Esta publicidad es una de las más usadas en el mundillo de las CPA por su eficacia. Consiste básicamente en presentar una oferta en forma de popup o popunder. Este formato es ofrecido, por norma, por empresas y/o páginas que ya tienen un amplio registro de usuarios junto a sus intereses. Se puede decir que es una publicidad muy enfocada que puede convertir muy bien. Existen varias empresas que nos ofrecen publicidad de este tipo, las unas más consolidadas, las otras con menor eficacia a menor precio. Es decisión de cada cual elegir una u otra.

Te dejo varios ejemplos de plataformas de PPV;

TrafficJunky; Es una plataforma de publicidad en línea que ofrece servicios de PPV, permitiendo a los anunciantes alcanzar a su audiencia a través de diversos formatos de anuncios.

PropellerAds; Proporciona una variedad de opciones de publicidad, incluyendo PPV, para llegar a una amplia audiencia en línea.

PopAds; Es una red de publicidad especializada en pop-ups y pop-unders que permite a los anunciantes pagar por cada visualización de su anuncio.

Adcash; Ofrece soluciones de publicidad digital que incluyen PPV, permitiendo a los anunciantes alcanzar a su audiencia objetivo de manera efectiva.

ZeroPark; Es una plataforma de publicidad que se especializa en tráfico de dominios de estacionamiento y ofrece opciones de PPV para los anunciantes.

Estas plataformas ofrecen a los anunciantes la oportunidad de llegar a una audiencia específica y pagar solo por las visualizaciones de sus anuncios, lo que puede ser una estrategia eficaz para aumentar la visibilidad y generar leads. Antiguamente el problema era que te pedían un mínimo de $1.000 para comenzar en las más populares. Ahora puedes encontrar presupuestos más asequibles.

Una de las ideas que suelo compartir es la utilización de muchas fuentes de tráfico con las redes CPA. Solo si te tomas en serio este gran negocio y si tienes los recursos necesarios. Por otro lado, pensando que estés comenzando, puedo imaginar que no te interese invertir mucho dinero en publicidad. Es por ello que te RECOMIENDO algunas de las páginas que utilizo más económicas. PopAds y PopCash.

Tanto PopAds.net como PopCash.net son plataformas de publicidad que se especializan en pop-ups y pop-unders, y aunque comparten algunas similitudes en su enfoque, también tienen diferencias significativas.

Aquí hay algunas de las diferencias;

Tamaño de la red y alcance; PopAds.net generalmente se considera una red de publicidad más grande y establecida en comparación con PopCash.net. PopAds.net tiene una base de usuarios más amplia y un alcance global más extenso, lo que puede resultar en una mayor exposición para los anunciantes.

Calidad del tráfico; Aunque ambas plataformas ofrecen tráfico de calidad variable, algunos anunciantes han reportado una mejor experiencia con el tráfico de PopAds.net en términos de conversión y calidad del usuario. Sin embargo, esto puede variar según la campaña y el público objetivo.

Control de la campaña; PopAds.net ofrece a los anunciantes un mayor control sobre sus campañas publicitarias, permitiendo ajustar y optimizar diversos parámetros como la segmentación geográfica, la frecuencia de visualización del anuncio y la optimización del presupuesto. PopCash.net también proporciona opciones de control, pero puede ser menos flexible en comparación.

Tarifas y pagos; Las tarifas y los pagos pueden variar entre ambas plataformas. Algunos anunciantes han encontrado que PopCash.net ofrece tarifas más competitivas y opciones de pago más flexibles, como pagos diarios, mientras que otros prefieren la estabilidad y la confiabilidad de los pagos de PopAds.net.

Atención al cliente y soporte; La calidad del servicio al cliente puede ser un factor importante para algunos anunciantes. PopAds.net tiende a ofrecer un servicio al cliente más sólido y receptivo, con opciones de soporte técnico más amplias y tiempos de respuesta más rápidos en comparación con PopCash.net.

PopAds y PopCash las utilizo con mucha frecuencia con buenos resultados. Son páginas donde no tienes que desembolsar mucho dinero. Con un mínimo de $10 puedes comenzar y está al alcance de cualquiera. Trabajan con formato popup/popunder. Controlar el gasto en la promoción de ofertas CPA es o debería de ser una de las prioridades para poder ganar dinero con ellas. Invertir poco a poco te permitirá obtener un mejor conocimiento de cada oferta y campaña pudiendo afinarla con el tiempo.

CPM, CPV, display, re-dirección, banner, Buy media (Compra de medios), redes sociales, blogs, videos, email marketing, etc. Existen muchos tipos de publicidad para promocionar tus ofertas y claro que no puedo hablar de todos ellos.

Compatibilidad oferta + tráfico; la regla de los 3 filtros

Antes de lanzar cualquier campaña, asegúrate de que pase estos tres filtros;

Filtro TOS; ¿La red CPA permite tu fuente de tráfico (popunder, redes sociales, etc.) para esta oferta?

Filtro de intención; ¿El usuario que verá tu anuncio está en un estado mental para realizar la acción? (Ej.; no esperes ventas con popunder).

Filtro de mensaje; ¿Tu landing, advertorial o smartlink explica claramente qué obtendrá el usuario?

Si falla uno solo de estos filtros, la campaña probablemente fracasará.

Un plan para promocionar ofertas CPA

Bien, hasta ahora tenemos una breve explicación de que son y cómo funcionan las redes CPA. A estas alturas ya deberíamos estar registrados en varias de ellas que por norma son gratuitas. Y deberíamos tener claro que debemos encontrar un equilibrio entre promoción y oferta. Recordar que aquí lo más importante es "ganar" y "no perder" dinero. Y digo de no perder dinero puesto que es lo más probable que te ocurra cuando comienzas con las redes CPA. Pero no te asustes, es lo más normal y estamos aquí para intentar ayudarte a que solo sea al principio.

Entiendo que es mucha información para asimilarla de una vez si la desglosamos al detalle. Es por ello que un plan puede ayudarte a entender mejor todo el proceso. Este te puede orientar en el camino correcto para que finalmente ganes dinero con las ofertas CPA.

Un plan consiste básicamente en pensar en todos los detalles posibles antes de realizar cualquier tipo de acción o de inversión. Con un plan podrás prevenir determinadas situaciones y podrás hacer algunas previsiones.

Un plan debe tener diferentes apartados y debe estructurarse en el tiempo. Este debe contener cada detalle de las acciones que pretendemos realizar en la promoción de una oferta CPA y puede ser específico o general. También puede y debe ser modificable adaptándolo a los resultados. Un plan contiene objetivos y metas, estrategias y técnicas. El primer paso para crear un plan para las ofertas CPA es tener una idea base de lo que vas a hacer. Por ejemplo, quieres promocionar una oferta determinada de un nicho específico de una red CPA concreta con una fuente de tráfico exacta.

La idea puede consistir en promocionar una oferta de un nicho que conoces para obtener unos determinados resultados. Centrarse en una sola red proporciona estabilidad para ver los avances de dicha oferta. Del mismo modo utilizar una sola fuente de tráfico permitirá conocer la plataforma y comprobar resultados. Para finalizar la idea que cierra este primer plan puedes determinar un presupuesto inicial y unas conversiones estimadas de forma real. Por ejemplo, destinas $20 y quieres recuperarlos con un mínimo beneficio.

Tu plan de 5 pasos antes de gastar $1;

Nicho; ¿En qué categoría voy a promocionar? (ej. finanzas, citas, apps)

Oferta; ¿Qué tipo de acción requiere? ¿Es compatible con tráfico frío?

Tráfico; ¿Qué fuente usaré? ¿PopAds? ¿Email? ¿DSP?

Mensaje; ¿Usaré link directo, landing o advertorial?

Presupuesto de prueba; ¿Cuánto estoy dispuesto a perder para aprender? (ej. $15)

Ejemplo real;

Nicho; Apps móviles

Oferta; "Instalar app de juegos"

Tráfico; PopAds (solo móvil)

Mensaje; Smartlink directo (sin landing, por simplicidad)

Presupuesto; $10 en prueba inicial

Pruebas y pruebas para comenzar (son inevitables...)

Es obvio que no sabemos qué oferta convierte más y dónde. Es cierto que tenemos dicha información en la propia red CPA que puede ayudarnos sin ser determinante. Y es por estos motivos que debemos probar y probar. Las pruebas forman parte de cualquier negocio o inversión, incluidas las CPA. Estas por norma se consideran "pérdida desconocida" y son utilizadas para saber qué oferta convierte más y puede ser más rentable. Sin pruebas será realmente difícil saber qué oferta funciona mejor.

Las pruebas pueden realizarse de diferentes maneras, por países, categorías, edad, sexo o cualquier otra cosa que se te ocurra. La idea de la prueba es ir descartando las que no dan resultado invirtiendo más recursos en las que están funcionando. El gasto de las pruebas debe ser considerado en tu plan como una inversión inicial que nos permita afinar la campaña. Por tanto, el plan debe crearse en base a unas fases u objetivos. Por ejemplo, inviertes $20 para probar en la primera fase hasta llegar al presupuesto final que te has marcado.

Si de todo no consigues los resultados que pensabas es mejor pasar para otra oferta ya que de otro modo perderás más dinero. Limitar el presupuesto es otro de los detalles que no puede faltar en cualquier promoción.

Aclaraciones; el riesgo en CPA

Antes de seguir me gustaría aclarar un concepto que muchas personas olvidan o simplemente no quieren ni saber de ello. Se trata del riesgo. Sí, trabajar con redes CPA implica una serie de riesgos y no solo por el hecho de que estés comenzando.

Ser novato no tiene nada que ver con el riesgo. Se trata de inversión y como en cualquier negocio, las CPA tienen que tener una inversión que por defecto conlleva un riesgo.

Si no inviertes en publicidad, seguramente no tendrás los resultados que esperas. Si no quieres gastar dinero y aun así deseas entrar en este negocio, necesitas de tiempo que también tiene un valor y por defecto conlleva un riesgo. Al entrar con las CPA debes aceptar unos riesgos. Nadie te puede decir que existe una fórmula mágica para ganar dinero promocionando ofertas, sea del tipo que sea. Inclusive, si promocionas las mismas ofertas que otras personas, seguramente obtendrás resultados diferentes.

A lo que quiero llegar es a que cuanto más inviertas, más riesgo estás aceptando. Si gastas $10 y no consigues conversiones, perderás $10, si gastas $1.000 te puede pasar lo mismo. Sin embargo, siendo más optimistas, si gastas $10 podrás obtener conversiones proporcionales a tu presupuesto y riesgo. Cuanto más inviertes más riesgo asumes y más opciones de convertir y ganar más dinero tienes.

Resumen del Capítulo 2

El Capítulo 2 aborda la importancia de la estrategia de promoción en el marketing CPA, destacando que muchas veces se subestima en comparación con la selección de ofertas. Se enfatiza que el enfoque adecuado es más relevante para obtener conversiones que simplemente elegir una oferta atractiva.

Antes de seleccionar una oferta, es crucial considerar cómo se promocionará, ya que cada formato de promoción funciona de manera diferente. Factores como la plataforma de publicidad utilizada (Facebook Ads, Bing, Google Ads, entre otras), el tipo de oferta y el público objetivo influyen en la estrategia de promoción.

Se enumeran varios tipos de ofertas CPA populares, como descargas, registros de correo electrónico, aplicaciones móviles, ventas, entre otros, y se explica brevemente cómo funcionan cada uno de ellos. Además, se profundiza en la compatibilidad entre cada tipo de oferta y la fuente de tráfico ideal, ofreciendo orientación práctica para evitar errores comunes desde el inicio.

También se discuten diferentes tipos de publicidad que pueden utilizarse para promocionar ofertas CPA, destacando que no todas las formas de publicidad son adecuadas para todas las ofertas y cómo la compatibilidad entre la publicidad y la oferta puede influir en el éxito de la campaña.

Se introduce el concepto de PPV (Pago por Visualización) como una forma efectiva de publicidad para promocionar ofertas CPA, y se proporcionan ejemplos de plataformas de PPV populares, como TrafficJunky, PropellerAds, PopAds, Adcash y ZeroPark. Se comparan en detalle dos plataformas accesibles para principiantes; PopAds y PopCash, analizando sus diferencias en tamaño, calidad de tráfico, control, tarifas y soporte.

Se presenta la "regla de los 3 filtros" (TOS, intención del usuario y claridad del mensaje) como herramienta esencial para validar cualquier campaña antes de lanzarla, evitando pérdidas innecesarias.

El capítulo incluye un plan de 5 pasos práctico y accionable que guía al lector a estructurar su estrategia antes de invertir, con un ejemplo real aplicado a ofertas de apps móviles.

Se enfatiza la importancia de las pruebas controladas, la gestión del presupuesto y la aceptación consciente del riesgo como parte inherente del modelo CPA. Se reitera que el éxito no depende de la suerte, sino de un enfoque metódico, basado en pruebas, análisis y ajustes constantes.

En conclusión, este capítulo no solo explica qué promocionar, sino cómo promocionarlo de forma inteligente, alineando oferta, tráfico y mensaje para maximizar conversiones y minimizar pérdidas desde el primer día.

Capítulo 3; Marketing Cpa sin gastar mucho dinero

Pensando que ya tienes claro que **trabajar con CPA lleva sus riesgos** pasemos a la práctica. Aquí quiero hablarte de gastar poco dinero probando ofertas y campañas. Con las redes de publicidad económicas adquieres experiencia.

Como gastas menos tienes menor riesgo y puedes probar más ofertas a bajo coste. Una vez probada la oferta y/o la campaña, decides si inviertes más en otras plataformas publicitarias con más garantías de conversión.

Dicho de otro modo, con mejor tráfico consigues más cliques y más ventas. Las pruebas son necesarias para medir diferentes factores de una campaña Cpa. Pero antes de decidir realizar más pruebas hay que investigar un poco y crear un plan de acción.

Primeros pasos;

1. Desde una red CPA eliges la oferta de un nicho rentable.
2. Ya debes tener decidido la plataforma de publicidad donde promocionaras y las formas

que utilizaras. Display, Popunders, Native ads, etc.
3. Necesitas un servicio de tracking para recoger la mayor información posible de cada campaña.
4. Antes de gastar un centavo debes tener todo montado y bien pensado.

Consejo clave; en esta fase inicial, no uses landing pages ni advertoriales. Tu objetivo no es maximizar conversiones, sino detectar si hay señal de vida. El smartlink directo es tu mejor aliado para probar con mínimo esfuerzo.

Detalles que debes saber;

Un link directo hacia la oferta tiene menos opciones de convertir. Sería mejor idea crear una página de preventa, landing page o un advertorial. Estas te ayudaran con las conversiones.

Una página intermedia tiene diferentes misiones, en el caso que estamos tratando pretendemos explicar, informar o preparar a la persona que llego desde la publicidad que utilizamos. De esta manera podrá decidir si le interesa o no nuestra oferta.

Con esta técnica conseguimos menos clics hacia la oferta de **personas más interesadas** que por defecto estarán más propensas a comprar. Piensa en ello…

Diferentes paginas;

- Advertorial
- Pre-venta
- Landing page

Es verdad que **crear estas páginas lleva un tiempo** y unos gastos en dominios y hostings. Sin embargo, pensando en lo que gastamos en una sola campaña, seguramente será bastante menos de lo que gastaríamos en todas estas herramientas.

Utilizar un dominio relacionado con el nicho que vamos a utilizar para promocionar nuestras ofertas nos asegura un mínimo de confianza que aumenta las opciones de convertir.

Tener un hosting propio tiene muchas utilidades, no solo para montar un blog. Podremos instalar tantas páginas como nos interese, sub dominios, landing pages, etc. También podemos re direccionar, crear artículos, advertoriales y mucho más.

Advertencia importante; no inviertas en dominios ni landings en esta fase. Estás en modo "exploración", no en modo "optimización". Guarda esos recursos para cuando ya sepas qué países y ofertas funcionan.

Probando un solo link

Una de las formas más rápidas, que no efectivas, de promocionar ofertas y testarlas es con un link directo, comúnmente llamado de **smartlink**. La misión de estos links es identificar el país del visitante y enviarlo para la oferta correcta.

Normalmente todas las redes Cpa disponen de esta herramienta. La idea en este caso es la de probar países y ofertas. En la red Cpa encontraremos datos suficientes de conversión que nos orientaran para próximas campañas.

La diferencia entre probar este sistema con una plataforma de publicidad más cara es que gastamos más dinero. La solución es probarlo en plataformas más económicas como **Popcash o Popads con menos inversión.**

¿Por qué el smartlink es ideal para principiantes?

Porque elimina la necesidad de adivinar qué oferta funciona en qué país. La red CPA lo hace por ti, en tiempo real. Esto te permite probar 100+ países con un solo enlace, algo imposible de gestionar manualmente con bajo presupuesto.

Cada plataforma funciona de forma diferente;

Al igual que antes te recomendaba no registrarse en todas las redes Cpa, también te recomiendo no registrarte en todas las plataformas de publicidad. Puede ser frustrante ya que de ningún modo podremos utilizar todo su potencial.

La idea base es registrarse en 3 o 4 redes Cpa y en 3 o 4 plataformas de publicidad para tener un mejor control. Por ejemplo, Mobidea y Adsterra que son más accesibles y Popcash y Popads que son más baratas.

Más adelante, cuando ya tengamos alguna experiencia y hayamos conseguido resultados podremos avanzar para Maxbounty y Perform[cb], por ejemplo, que son más exigentes y para plataformas de publicidad como Adcash y Sitescout.

Estas últimas son DSP que te proporcionan mucho tráfico de muy buena calidad para promocionar tus ofertas en diferentes formatos. En Adcash debes tener como mínimo $100 y en Sitescout $500 solo para comenzar.

Una DSP es una plataforma de publicidad que funciona por licitación donde puedes elegir muchos parámetros de configuración incluidas otras Ad network. Uniendo las dos opciones de redes premium y publicidad extra premium consigues grandes resultados.

Los pasos lógicos para un solo link;
1. Recoge tu Smart link en tu red CPA
2. Lo pones en tu plataforma de publicidad sin limitaciones
3. Destinas un presupuesto base para realizar tu primera prueba, por ejemplo $5.

La idea con esta primera campaña es la de tener una idea sobre si la oferta va a convertir o no. Pondremos todos los países y todas las categorías y la dejaremos funcionando hasta agotar el presupuesto. Una vez terminada la campaña vemos si hemos conseguido algún resultado.

En el caso de no conseguir resultados volvemos a probar con otros $5 y de ese modo hasta el límite que nos hemos propuesto para esta primera prueba, por ejemplo $20.

Aclaración; Con estas pruebas es muy difícil conseguir rentabilizar una campaña. Las pruebas las realizamos solo para tener una idea de cómo puede funcionar y estamos buscando inicialmente los países donde puede convertir.

- **Caso 1)** Si no conseguiste nada dejas la oferta y pasas a probar otra.
- **Caso 2)** Si conseguiste algún resultado poco significativo puedes continuar la prueba.
- **Caso 3)** Si consigues resultados buenos es hora de realizar la otra parte de las pruebas.

Flujo de decisión práctico (tipo "si/no");

- ¿Gasté $5 y no hubo conversiones? → Sí; pruebo otros $5. No; sigo.
- ¿Después de $10 sigue sin haber conversiones? → Sí; abandono la oferta. No; sigo.

- ¿Tengo conversiones que cubren al menos el 80% del gasto? → Sí; paso a fase 2. No; ajusto o abandono.

Este flujo evita la parálisis por análisis y te mantiene dentro del límite de $15–$20 por oferta.

Ejemplo de Plantilla de registro de pruebas (Excel simple);

Crea una hoja con estas columnas;

- Fecha
- Red CPA
- Oferta
- Fuente de tráfico
- Presupuesto asignado
- Gasto real
- Clics
- Conversiones
- Ingresos
- ROI
- Países con conversión
- Acción tomada (continuar, pausar, escalar)

Esta hoja te permitirá comparar ofertas, evitar repetir errores y construir tu "lista de ganadores".

Cómo detectar tráfico fraudulento en campañas de bajo costo;

- Alto CTR (>5%) en popunder; suele indicar bots o clics no intencionados.
- Miles de impresiones, cero clics; tráfico de baja calidad o sitios con poca visibilidad real.
- Clics sin tiempo en página; si usas tracking, verifica si los usuarios pasan más de 5 segundos en la oferta.
- Conversiones que se rechazan al día siguiente; señal de tráfico no permitido o fraudulento.

Si ves estos patrones, pausa la campaña y revisa la categoría o el sitio web en PopAds.

Segunda parte;

Esta segunda parte hay que ponerla en práctica en el caso que consigas resultados buenos, o sea, algunas conversiones que paguen como mínimo la campaña que estas realizando. Con los resultados que tienes puedes crear varias campañas por países, en grupos. Cada caso es diferente y no sabes si has convertido en un país, dos, o varios de ellos.

La idea trata de afinar la campaña para tener datos más exactos que te lleven a rentabilizarla. Recuerda que rentabilizar es conseguir un beneficio por encima de lo que estas gastando. En esta nueva fase realizas la misma prueba por cada campaña. Por ejemplo, si conseguiste convertir en 9 países, los debes dividir en grupos más manejables con algún parámetro común, idioma puede ser uno de ellos.

Inviertes $5 en cada grupo y realizas la misma prueba que hemos propuesto al principio siguiendo las mismas recomendaciones. Pones un límite de presupuesto por cada campaña o grupo y lo dejas funcionando.

- **Caso 1)** Si no conseguiste resultados en ningún grupo, bastante improbable, los dejas y pasas para otras ofertas.
- **Caso 2)** Consiguiendo resultados significativos, es lo más normal en esta fase, puedes continuar tus pruebas afinando un poco más.
- **Caso 3)** Has conseguido resultados excelentes con todos o con algún grupo en específico. En este caso es hora de invertir gradualmente en la misma plataforma de publicidad, incluso pensar en exportar los datos para otra plataforma premium.

Regla de oro; nunca gastes más de $15–$20 en total en una sola oferta durante la fase de prueba. Si no hay señal clara de rentabilidad, pasa a la siguiente. Tu capital es limitado; tu curiosidad, no.

Resumen del capítulo 3

El Capítulo 3 se centra en estrategias prácticas para promocionar ofertas CPA con un presupuesto limitado. Se destaca la importancia de minimizar el riesgo al probar ofertas y campañas con redes de publicidad económicas para adquirir experiencia y tomar decisiones más informadas sobre dónde invertir más dinero.

Los primeros pasos incluyen la selección de una oferta rentable de una red CPA, la elección de una plataforma de publicidad y el establecimiento de un servicio de seguimiento para recopilar datos importantes sobre cada campaña. Se enfatiza la importancia de tener todo planificado antes de gastar cualquier cantidad de dinero.

Se discuten detalles importantes, como el uso de páginas de pre-venta o advertoriales para mejorar las conversiones y la importancia de tener un dominio relacionado con el nicho para generar confianza en los visitantes. Una estrategia sugerida es probar **un solo enlace directo**, también conocido como **smartlink**, en plataformas de publicidad económicas como Popcash o Popads.

Se menciona que cada plataforma de publicidad funciona de manera diferente y se aconseja registrarse en 3 o 4 redes CPA y 3 o 4 plataformas de publicidad para tener un mejor control y maximizar los resultados. Se describe un proceso paso a paso para probar un solo enlace, desde recoger el smartlink en la red CPA hasta establecer un presupuesto base para la primera prueba.

Se discuten varios escenarios posibles según los resultados obtenidos, como dejar la oferta si no se logran conversiones, continuar la prueba si se obtienen resultados mínimos o avanzar a la siguiente fase si se obtienen resultados positivos. **La segunda parte implica afinar la campaña** basándose en los resultados de la primera fase, dividiendo los países en grupos manejables y asignando un presupuesto a cada grupo para realizar pruebas adicionales.

Se presentan diferentes casos y se sugieren acciones a tomar según los resultados obtenidos. En resumen, el capítulo proporciona una guía detallada sobre cómo probar ofertas y campañas CPA con un presupuesto limitado, maximizando la eficiencia y minimizando el riesgo mediante un enfoque estratégico y basado en datos.

Capítulo 4; CPA avanzado

Hasta aquí te he hablado un poco sobre recomendaciones básicas de CPA y te he propuesto una forma fácil de promocionar ofertas usando smartlinks y tráfico económico como PopAds o PopCash. En este capítulo quiero ir un poco más allá con técnicas más avanzadas para promocionar mejor y ganar más conversiones.

Antes de continuar, debo avisarte; esta sección es solo para aquellas personas que realmente quieren ganar dinero con las redes CPA de VERDAD, y que están dispuestas a invertir tiempo, esfuerzo y algo de dinero para construir un sistema que funcione a largo plazo.

Si solo buscas un atajo mágico o una fórmula que te haga rico sin hacer nada, este capítulo no es para ti. Pero si estás listo para dar el salto de "probar al azar" a "construir un negocio digital real", entonces estás en el lugar correcto.

¿Por qué necesitas un sistema de conversión?

Cuando usas tráfico económico (popunder, native barato, etc.), el smartlink directo funciona bien. Es simple, rápido y no requiere mantenimiento. Pero cuando decides escalar o usar tráfico premium — como Google Ads, Bing Ads, Yahoo o DSPs como PropellerAds en modo premium—, las reglas cambian drásticamente.

Estas plataformas tienen políticas estrictas;

- No permiten enlaces directos a ofertas CPA en muchos casos.
- Exigen páginas con contenido real, estructura clara y políticas de privacidad.
- Castigan (o suspenden permanentemente) cuentas que envían tráfico a páginas engañosas, vacías o mal diseñadas.

Por eso, necesitas un sistema de conversión; una página intermedia que;

- Explique claramente qué obtiene el usuario.
- Genere confianza con diseño profesional y contenido relevante.
- Cumpla con las políticas de las plataformas de tráfico.

- Aumente tu tasa de conversión al "preparar" al usuario antes de enviarlo a la oferta.

Este sistema se construye con landing pages o advertoriales, y es válido tanto para CPA como para programas de afiliados tradicionales.

Lo que necesitas para empezar

No se trata de tener un imperio digital, pero sí de contar con los elementos mínimos para operar con seriedad;

- Registro en redes CPA Premium; MaxBounty, AdscendMedia, etc.
- Cuentas en plataformas de tráfico premium; Google Ads, Bing Ads, Yahoo o DSPs como Adcash.
- Uno o varios dominios relacionados con tu nicho (ej.; appsgratismovil.com, dietasreales.net).
- Un hosting de pago (SiteGround, Hostinger, Namecheap — desde $3/mes).
- Una cuenta en un servicio de tracking como Bemob (gratis hasta 100k eventos).
- Una tabla de Excel para llevar el control de ofertas, gastos, conversiones y ROI.

Nota importante; la mayoría de las ofertas CPA tienen caducidad. Por eso, no necesitas hacer SEO ni indexar tus páginas en Google. Tu objetivo no es el tráfico orgánico, sino crear contenido funcional que convierta durante el tiempo que la oferta esté activa.

Cupones para comenzar

Siempre es bueno probar con cupones que NO cuestan dinero. A continuación, te dejo algunos de varias plataformas conocidas donde puedes elegir.

Nota; Es posible que algunos no funcionen, asegúrate de revisar cada opción.

Cupón para Bing Ads; Puedes buscar por "bingads coupon" en cualquier navegador. También puedes usar un VPN para encontrar cupones de otros países.

Link; https;//about.ads.microsoft.com/es

Información; https;//help.ads.microsoft.com/#apex/3/es/50829/3

Cupón para Google Ads; Los cupones de Google Ads caducan más rápido, pero en contra partida siempre lanzan nuevos. Hoy tienes promociones de hasta 1.200 si inviertes el mismo valor, en dólares, en euros o en cualquier moneda.

Link; https;//business.google.com/es/google-ads/

Información;

https;//support.google.com/google-ads/answer/2393021?hl=es-419

Cupón Yahoo; Gemini es una red de Native Ads de Yahoo. Suelen darte un cupón de $50 al abrir una cuenta nueva.

Link; https;//www.yahooinc.com/yahoo-ads

Nota; Para ver si tienes el cupón después de crear la cuenta vas a la sección de pagos "Billing" que aparece en el menú superior derecho, dentro del menú de configuraciones.

Estas últimas Ad netword o DSP proporcionan tráfico cualificado que convierte mejor que cualquier otra red. Utilizar páginas intermedias en estas plataformas te ayudara a cumplir con sus políticas y conseguir mejores resultados. Estos cupones te permiten **probar tráfico premium sin riesgo**, y validar si tu sistema de conversión funciona.

El sistema; cómo estructurarlo

La idea base es simple;

- Elige un nicho (apps, citas, suplementos, finanzas, etc.).
- Compra un dominio general para ese nicho.

- Usa subdominios para cada oferta o subnicho (juego1.appsgratismovil.com, juego2.appsgratismovil.com).
- Crea una página por oferta en WordPress + Elementor.

Esto te da flexibilidad; si una oferta se cierra, solo desactivas ese subdominio, sin afectar al resto del dominio.

Guía práctica; Cómo crear un advertorial en WordPress + Elementor (paso a paso)

Un advertorial es un artículo que parece una noticia o reseña real, pero está diseñado para promocionar tu oferta de forma natural. No debe parecer publicidad. Debe aportar valor, generar curiosidad y guiar al lector hacia la acción.

Paso 1; Preparación técnica

- Compra un dominio en Namecheap o similar (~$10/año).
- Contrata un hosting (Hostinger, SiteGround — ~$3/mes).
- Instala WordPress; la mayoría de hostings lo hacen con un clic.
- Instala los plugins necesarios;

- Elementor (constructor visual gratuito).
- Elementor Pro (opcional, pero útil para formularios — ~$59/año).
- WP GDPR Cookie Consent (para cumplir con políticas de privacidad).

Paso 2; Estructura del contenido

Un buen advertorial sigue esta estructura;

- *Título impactante (H1)*; debe generar curiosidad o resolver un problema. Ej.; "Esta app paga $50 por jugar 10 minutos al día (2025)"
- *Introducción personal*; "Hace dos semanas, un amigo me mostró esta app por casualidad…"
- *Beneficios claros*; lista con viñetas de lo que gana el usuario.
- *Prueba social*; "Más de 50.000 personas ya la usan en Latinoamérica".
- *Llamada a la acción (CTA)*; botón grande con texto como "Probar ahora gratis".
- *Pie de página*; enlaces a "Política de privacidad", "Contacto", "Términos".

Paso 3; Diseño en Elementor

- Ve a Páginas > Añadir nueva.
- Haz clic en Editar con Elementor.
- Arrastra un encabezado y escribe tu título (H1).

- Añade un párrafo con tu introducción.
- Usa el widget Icon List para los beneficios.
- Inserta una imagen real de la app u oferta (no genérica).
- Añade un botón con tu enlace de tracking (Bemob).
- En el pie, añade un menú de enlaces con las páginas obligatorias.

Paso 4; Optimización técnica

- **Velocidad**; comprime imágenes con TinyPNG.
- Móvil; revisa la vista móvil en Elementor (el 70% del tráfico CPA es móvil).
- **Tracking**; asegúrate de que el botón CTA lleva tu enlace de Bemob, no el de la red CPA directamente.
- **Políticas**; crea páginas de "Política de privacidad" y "Contacto" (puedes generarlas gratis en Termly.io).

Ejemplo de estructura visual (descrita en texto);

- **Parte superior**; imagen de un smartphone con la app abierta + título en grande.
- **Mitad izquierda**; lista de beneficios ("Gana dinero jugando", "Sin inversión", "Pago en 24h").
- **Mitad derecha**; video corto (30 segundos) mostrando la app en acción.

- **Final**; botón verde brillante con sombra, centrado, con texto blanco; "¡Empieza a ganar hoy!".
- **Pie**; enlaces pequeños a "Política de privacidad", "Contacto", "Términos".

Requisitos mínimos para cumplir con Google Ads, Bing y Yahoo

Si usas tráfico premium, tu página debe incluir;

- Página de contacto; con formulario o email real (ej.; contacto@appsgratismovil.com).
- Sobre nosotros; breve explicación de quién eres (puedes decir; "Somos un equipo que prueba apps y comparte las mejores").
- Política de privacidad; obligatorio en la UE y recomendado en EE.UU.
- Términos y condiciones; opcional, pero recomendado.

Estas páginas dan autoridad y legitimidad a tu sitio, lo que reduce el riesgo de suspensión.

Landing pages vs. Advertoriales; ¿cuál usar?

No todas las ofertas CPA requieren el mismo tipo de página intermedia. La elección entre una landing page y un advertorial depende del tipo de tráfico que estés usando y de la complejidad de la acción que se le pide al usuario.

Una **landing page** es ideal cuando la oferta es simple y el tráfico es frío. Por ejemplo, en campañas de popunder o native barato, donde el usuario no espera ver publicidad, una landing page minimalista funciona mejor. Su objetivo es único; capturar un email, instalar una app o confirmar un código.

No necesita mucho texto ni explicaciones largas. Solo un título claro, una imagen o banner relevante y un botón de acción visible. Este formato carga rápido, evita distracciones y se adapta perfectamente a móviles, lo que lo hace ideal para ofertas como Email Submit o App Installs.

Por otro lado, un **advertorial** es más adecuado cuando usas tráfico cualificado, como Google Ads, Facebook o email marketing. En estos casos, el usuario ya está en un estado mental más receptivo, pero necesita una razón para confiar. El advertorial imita el formato de una noticia o una reseña personal. Usa un tono narrativo, incluye beneficios concretos, prueba social ("más de 10.000 personas ya lo usan") y un toque personal que lo diferencia de la publicidad genérica. Este enfoque genera credibilidad y prepara al lector para tomar una decisión, especialmente en ofertas más complejas como suplementos, finanzas o servicios de suscripción.

Resumiendo, que si tu oferta requiere una acción rápida y tu tráfico es frío, usa una landing page. Si necesitas construir confianza y tu tráfico viene de fuentes más calientes, elige un advertorial. Saber cuándo usar cada uno es clave para maximizar tus conversiones sin complicar innecesariamente tu sistema.

Consejo; si promocionas apps móviles o email submit, usa landing pages simples. Si promocionas ofertas de valor alto (finanzas, seguros, suplementos), usa advertoriales.

Herramientas para crear landing pages rápidas

Si no quieres usar WordPress, existen alternativas;

PureLander; herramienta especializada en CPA. En 3 clics creas una landing para móviles.

Instapage o Leadpages; más caras, pero con plantillas profesionales.

Carrd.co; para landings ultra-simples (desde $19/año).

Pero si ya tienes hosting y dominio, WordPress +

Elementor es la opción más flexible y económica.

Ejemplos reales de advertoriales efectivos

Ejemplo 1; Nicho de apps móviles

- **Título**; "¿Sabías que puedes ganar $30 al día jugando desde tu celular?"
- **Contenido**;

"Hace un mes, probé esta app por curiosidad…"

"No requiere experiencia, solo descargar e instalar."

"Ya he retirado $200 en PayPal."

- **CTA**; "Descarga gratis y empieza hoy"

Ejemplo 2; Nicho de suplementos

- **Título**; "El suplemento que está revolucionando la pérdida de peso en 2025"
- **Contenido**;

"Después de probar 10 productos, este es el único que funcionó."

"Ingredientes naturales, sin efectos secundarios."

"Oferta exclusiva por tiempo limitado."

- **CTA**; "Ver oferta especial"

La clave es ser específico, personal y creíble. Evita frases genéricas como "¡Gana dinero ya!".

Automatización y escalamiento – Email, solo ads y DSPs

Bien, puede parecer mucho trabajo promocionar ofertas CPA con tráfico procedente de una Ad Network, y, de hecho, lo es. Requiere esfuerzo, inversión y, sobre todo, una idea clara de lo que quieres conseguir.

Por un lado, para obtener tráfico de calidad en plataformas como Google Ads o Bing, debes estar a la altura; ofrecer páginas bien estructuradas, contenido relevante y cumplir con sus políticas. Por otro lado, si lo haces bien, los resultados serán mucho mejores que con cualquier otro tipo de tráfico económico.

Lo primero que debes definir es tu objetivo;

- ¿Quieres una venta directa?
- ¿O prefieres capturar un email para construir una relación a largo plazo?

La diferencia es clave;

- Con una venta directa, tienes una sola oportunidad.

- Con un email, abres la puerta a múltiples contactos, lo que aumenta exponencialmente tus posibilidades de conversión futura.

Email marketing; construir tu propio activo
El email marketing no es más que enviar promociones a una lista de personas interesadas en tu nicho. Hay dos formas legales de hacerlo;

1. **Construir tu propia lista**; Usas tráfico cualificado (por ejemplo, de Google Ads o Bing) para enviar usuarios a tu advertorial o landing page, donde capturas sus emails a cambio de valor (una guía, una prueba gratis, etc.).
2. **Comprar tráfico de email existente**; A través de solo ads, accedes a listas ya construidas por otros marketers.

Solo ads; tráfico enfocado en minutos
Un solo ad es un anuncio que se envía a una lista de email de terceros. Pagas por clics (o por envío), y el dueño de la lista promociona tu oferta a su audiencia.

El proceso es sencillo;

1. Eliges un vendedor en una plataforma como Udimi (https://udimi.com/a/srhmv) cuya lista coincida con tu nicho (ej.; "haz dinero online", "salud", "suplementos").
2. Acuerdas el número de clics y el precio por clic.
3. Envías tu enlace de advertorial o landing.

4. El vendedor envía el email a su lista.
5. Udimi rastrea en tiempo real clics, aperturas y conversiones.

¿Por qué Udimi?

- Verifica la identidad de los vendedores.
- Controla la calidad del tráfico.
- Ofrece reembolso automático si no se entrega lo prometido.

Aunque los precios pueden ser más altos que en otras plataformas, la protección al comprador y la calidad del tráfico justifican la inversión, especialmente si estás empezando en este tipo de promoción.

DSPs y tráfico premium; escalar con inteligencia

Una vez que hayas validado tu sistema de conversión (con cupones o pruebas pequeñas), puedes escalar con plataformas de tráfico premium;

- Google Ads; ideal para búsquedas con intención clara (ej.; "mejor app para ganar dinero").
- Microsoft Advertising (Bing + Yahoo); menor competencia y costos más bajos, con audiencias de alta calidad.
- Adcash o PropellerAds (modo premium); tráfico nativo segmentado, perfecto para ofertas móviles o de engagement.

Estas plataformas exigen páginas de autoridad (con política de privacidad, contacto, etc.), pero a cambio ofrecen tráfico cualificado que convierte mejor que cualquier red de popunder.

No se trata de gastar más, sino de invertir mejor; con un sistema sólido, cada dólar en tráfico premium puede generar un retorno mucho mayor que en tráfico frío.

Resumen del capítulo 4

El Capítulo 4 marca el punto de inflexión en tu recorrido CPA; **ya no se trata solo de probar, sino de construir**. Aquí se deja atrás el enfoque táctico del smartlink para abrazar un sistema estructurado, basado en páginas propias que cumplen con las exigencias de tráfico premium y generan mayor confianza en el usuario.

No es cuestión de complicarse innecesariamente, sino de adaptar tu estrategia al tipo de tráfico que usas; landing pages simples para ofertas rápidas y tráfico frío, advertoriales narrativos para ofertas complejas y audiencias calientes.

El capítulo detalla cómo montar este sistema con herramientas accesibles —WordPress, Elementor, hosting económico— y cómo cumplir con los requisitos técnicos de plataformas como Google Ads o Bing sin caer en suspensiones.

Además, introduce formas de escalar con inteligencia; usando cupones gratuitos para validar sin riesgo, aprovechando el email marketing para construir relaciones duraderas y recurriendo a solo ads en plataformas verificadas como Udimi para acceder a tráfico segmentado.

Lo esencial no es la sofisticación, sino la coherencia; cada elemento —desde el dominio hasta el botón de acción— debe estar alineado con la oferta, el nicho y la fuente de tráfico. Con este enfoque, dejas de depender de la suerte y empiezas a operar con un sistema repetible, escalable y compatible con las reglas actuales del ecosistema digital.

Capítulo 5; Creando campaña cpa

Los pasos para crear una campaña cpa basada en smartlink comienzan con el registro en las redes y el registro en la fuente de tráfico. Es muy importante en estos pasos centrarse solo en una fuente de tráfico para no perder el foco.

Existen varias redes que tienen esta funcionalidad, pero para estar más enfocados me quiero centrar solo en una de ellas, mobidea.com.

La idea trata de enfocarse para obtener mejores conversiones. El registro en Mobidea hasta la fecha es muy fácil, entras en la página, rellenas los datos y creas tu cuenta en unos minutos.

El registro en otras redes

Para el resto de las redes CPA es un poco más complejo el registro, sin embargo, no es nada que no se pueda superar. Rellenas los datos, añades las formas de publicidad que pretendes utilizar y listo, en la mayoría de los casos te tardan unos días y te aprueban la cuenta.

Puede ocurrir en algunos casos que te soliciten información extra, quieren saber que eres una persona normal que intenta ganar dinero con las cpa. Simplemente les respondes, utilizando el traductor para las redes cpa en inglés y frases cortas para un mejor entendimiento.

Lo normal es que te pregunten por tu experiencia, el tipo de tráfico que pretendes utilizar, etc., diles lo que quieren saber, debes ser breve y claro, sin rodeos, en poco tiempo deberían de aprobarte la cuenta.

Una fuente de tráfico

Como ya se ha ido comentando es importante elegir una sola fuente de tráfico para poder tener mayor control de todos los movimientos de una campaña. Para el caso que nos ocupa en este ejemplo de este libro utilizare PopAds.net.

En unos pocos minutos configuras tu cuenta como anunciante y los métodos de pago que deseas utilizar, en breve te envían un email que debes confirmar y a partir de ese momento podrás comenzar con tu cuenta.

Elegir Popads también tiene una cierta lógica, te permite poder comenzar con una campaña de publicidad para cpa o lo que quieras desde tan solo $10 y además te garantiza el envío de tráfico cualificado que podrás configurar a tu gusto.

Primeros pasos

El primer paso para crear una campaña de este tipo es tener un único link (smartlink) que recoges en tu red cpa. Para el ejemplo elijo "Mainstream" de Mobidea, con ofertas cpa orientadas para todos los públicos. "Adultos" es orientada solo para mayores de edad y por norma convierte mejor.

Seleccionas una de las opciones y recoges el link de afiliado que seguidamente pondrás en la campaña que estás creando en Popads. Puedes comenzar con un "bid" de $0,0003 y si ves que la campaña no se activa o tarda mucho vas para $0,0004, $0,0005, etc.

Ejemplos bid/visitas;

$,0001 = 10.000x$1, $,0002 = 5.000x$1, $,0003 = 3.333x$1, $,0004 = 2.500x$1, $,0005 = 2.000x$1

Popads no pondrá en marcha la campaña si no cree que estás pagando lo suficiente, trata de ajustar los bids conforme avance la campaña. Inicialmente puedes comenzar entre $,0003 a $,0005 y una vez en marcha ajustar estos valores.

Para ver una aproximación de los precios que Popads sugiere tienes que ir a la sección "inventory". ¡Ojo! Que estos precios son solo orientativos. La idea consiste en ajustar la campaña para conseguir mayor número de conversiones al mínimo coste.

Creando la campaña

En la primera sección nos aparece directamente una página donde no deberíamos de cambiar nada, lo podemos dejar como esta como se indica en la imagen, básicamente los datos que tienes que poner son el nombre de la campaña, la Url de Mobidea y al final asegurarte que esta activada para "Popunder".

"General Information"; Una vez rellenados todos los datos necesarios pasamos a la sección de "Budgets" donde nos piden el máximo bid que estaremos dispuestos a pagar por cada visualización, la cantidad de dinero que pretendemos gastar por día y el total que destinaremos para esta campaña.

"Budgets"; Nota; Antes de rellenar estos datos debemos cargar la cuenta con $10 que debería ser suficiente para comenzar. Seguidamente elegiremos los importes, el mínimo es de $2.5 por límite de día y campaña.

Aquí lo recomendable es poner $10 como límite en las dos secciones ya que la campaña corre bastante rápido y no tendremos tiempo de ver algunos resultados aparentes.

"Throttling"; Esta sección es importante si no quieres acabar con tu dinero a la velocidad de la luz. Se trata de regular el tiempo en que se visualizan los anuncios Popunder y tienes 3 opciones, "Disabled" sin límite de tiempo y nada recomendable.

"Manual" desde donde puedes reducir el tiempo en porcentaje, esta opción es más recomendable y "Automatic" donde puedes regular la exposición del tráfico enviado por segundos, minutos o gasto, esta es la opción que utilizo y que mejor funciona.

Ejemplos;

"Throttling Disabled"; Si dejamos esta sección desactivada, podemos encontrarnos con que en menos de un minuto esté gastado nuestro presupuesto. Con esta opción le estas diciendo que te envíe el tráfico lo más rápido posible sin tener tiempo suficiente para ver algunos resultados.

"Throttling Manual"; Con esta opción podremos configurar el envío de tráfico por porcentaje, por ejemplo, enviamos un 10% sobre la velocidad inicial de Popads. Un 30% o cualquier otro porcentaje que ralentiza el envío de tráfico, el problema que tenemos que estar muy pendientes.

"Throttling Automatic"; En esta opción, la más recomendada y probada, podremos enviar el tráfico en función del presupuesto que nos interese gastar cada segundo, minuto o por hora, podemos ajustarla por impresiones si lo deseamos.

Aclaración; Si contamos con un presupuesto reducido y varios países nos interesa saber las conversiones que podemos obtener por impresiones y por gasto.

Como las impresiones son relativas nos queda solo el gasto que podemos controlar. Por otro lado, también se pueden ver los reportes de la red cpa.

Elije una configuración con la que puedas trabajar eficazmente, piensa que partimos de un presupuesto inicial de $10. Si dividimos estos $10 en un dólar por hora, por ejemplo, a un bid de $0,0004 obtenemos 2.500 visualizaciones por hora, en este caso ajustaremos la sección de la siguiente forma, seleccionamos la primera casilla en dólares y en la segunda ponemos 1 por hora. Si tu caso es de otro presupuesto es solo hacer las cuentas y ver cuál de las opciones más te interesa.

"Categories"; En este apartado vamos a seleccionar las categorías, es importante recordar que estamos trabajando con un solo link que nos expone las mejores ofertas. O las que más convierten para cada país desde donde enviemos el tráfico de Popads.

Pensando con un poco de lógica, no sabemos las ofertas que van a enviar, sin embargo, las categorías que mejor convierten siempre son muy similares, citas, descargas, tarjetas de crédito, juegos, etc. Recordemos también que en esta parte estamos trabajando con "Mainstream" para todos los públicos.

Por tanto, tenemos que las categorías de adultos no podemos seleccionarlas y del resto pensando en lo anterior deducimos que las mejores pueden ser las generales, animación, arte, entretenimiento, videos, música, fotografía, etc.

Podemos incluir también otras relacionadas con los datos citados como juegos específicos o algunas relacionadas con inversiones, tarjetas de crédito, etc. De lo que se trata es de afinar al máximo posible para conseguir enviar un tráfico lo más cualificado posible a un bajo coste que nos permita generar las máximas conversiones.

"Country targering"; Aquí nos encontramos con un gran dilema, que país elegir para promocionar todas las ofertas. Podemos hacer varias cosas, la primera de todas es no seleccionar ninguno de ellos, el sistema lo interpreta como que queremos promoverlos todos ellos.

La realidad es que no sabemos, aparentemente, los países donde convierten mejor las ofertas que nos enviaran. De hecho, no sabemos las ofertas que nos van a enviar, es por esta razón que promocionar todos los países puede ser una opción.

Una vez puesta en marcha la campaña, debemos estar atentos a las conversiones y otros detalles e ir eliminando aquellos que no representen una buena opción.

Esto lo conseguiremos de diferentes maneras, aquellos países que reciben muchas visualizaciones sin conversiones los podemos eliminar. Aquellos que están recibiendo pocas visualizaciones, también los podemos eliminar hasta quedarnos solo con aquellos que estén convirtiendo en un porcentaje razonable.

"Society Targeting"; Con esta opción no deberíamos de modificar nada, realmente no es importante para nuestros fines, se trata de los idiomas y los habitantes por países.

Si la dejamos desmarcada le estamos indicando que las ofertas serán en cualquier idioma, estas llevan geo redirección que interpreta el idioma del país donde se visualiza.

"Environment Targeting"; En esta sección solo vemos importante la primera parte donde nos indican los sistemas operativos más utilizados, podemos dejarla en blanco para que reconozca todos o elegir aquellos más utilizados.

Puedes dejar en blanco todas estas opciones puesto que entendemos que muchos países utilizan alguna de ellas y de lo que se trata es de conseguir el mayor número de conversiones. Realmente no es importante a no ser que estés promocionando una oferta específica con un sistema único.

"Device Targeting"; Con esta opción puedes elegir el tipo de dispositivo desde donde las personas se conectan, puedes dejarla en blanco para que se utilicen todas ellas o elegir los más comunes como desktop/notebook, Smartphone, Tablet, etc.

En la parte de "Devices", dispositivos puedes dejarlo en blanco, como puedes ver existen muchas opciones de configuración, puedes elegir hasta desde donde se conectan las personas, cafés, desde casa, del negocio etc.

"Time Targeting"; En este apartado podemos dejarlo como esta, se trata de enviar tráfico en todos los horarios.

El único cambio que no es importante es decirle que localice la zona horaria de tu país para que tengas una mejor relación de los horarios de las conversiones.

"Website Targeting"; Llegamos casi al final de la configuración de la campaña, pero este apartado no es relevante por lo que lo dejaremos en blanco. Finalmente deberás de hacer clic en crear campaña y si no hay ningún error pasara a ser revisada.

Te recuerdo que nuestro interés es el de enviar tráfico barato desde Popads hacia las ofertas cpa de Mobidea o cualquier otra red cpa con un solo link que localiza la mejor oferta que mejor convierte en el país de donde viene el tráfico.

Resumen del capítulo 5

El Capítulo 5 no es una teoría; es un protocolo de acción paso a paso para lanzar tu primera campaña CPA real con smartlink. Su fuerza radica en la simplicidad deliberada; enfocarse en una sola red (Mobidea) y una sola fuente de tráfico (PopAds) para evitar la dispersión y ganar control total del proceso. El capítulo guía al lector desde el registro hasta la configuración técnica detallada, sin omitir los ajustes críticos que marcan la diferencia entre quemar $10 en minutos o extraer datos útiles con ese mismo presupuesto.

Se enfatiza la importancia del throttling automático para regular el gasto, la selección estratégica de categorías compatibles con el tráfico mainstream, y la decisión táctica de dejar activados todos los países en la fase inicial, no por azar, sino para recoger datos reales que luego permitan descartar lo que no convierte. Cada ajuste —desde el bid inicial hasta el targeting de dispositivos— se explica con pragmatismo, sin tecnicismos innecesarios, y siempre con el objetivo claro de maximizar la información obtenida por dólar gastado.

Al final, el capítulo transmite un mensaje esencial; el éxito en CPA no depende de herramientas mágicas, sino de ejecutar bien lo básico, con disciplina, paciencia y un enfoque metódico. Y eso es exactamente lo que este capítulo enseña; cómo poner en marcha una campaña funcional, medible y ajustable desde el primer día.

Capítulo 6; Algunos consejos y recursos

Bien, hasta aquí ya tenemos como crear una campaña en Popads, bien configurada, utilizando un solo link geo localizado. A continuación, te indico algunos consejos con los que puedes tener más éxito con tus ofertas cpa y tráfico popunder.

Para los bids (gasto por impresiones);

Si bien te he recomendado que los "bis" deben estar entre $0,0003 y $0,0005, te explico una de las maneras correctas de utilizar esta información. De saber controlar el gasto puede depender el éxito o el fracaso de una campaña popunder. No es lo mismo gastar $0,0005 que gastar $0,0003 porque consigues la mitad de las visitas.

Todas las paginas o empresas de publicidad solo quieren tu dinero, esto es un hecho, y les da lo mismo que tengas o no conversiones. **Controlar el gasto será IMPORTANTE** y que por norma te van a recomendar que gastes lo máximo posible. También es posible que no activen tu campaña hasta que estés dentro de sus parámetros, pero no hay problema…

A nuestra manera para que nos beneficie;

Paso 1; Cuando creas tu campaña en Popads introduce el valor de tu "bid" para $0,0002, es decir, por debajo del valor recomendado, déjalo "reposar" durante un tiempo, unos 10 minutos, 20, lo que estimes oportuno, no tengas prisa…

Paso 2; Después de ese tiempo revisa a ver si te la han activado, créete que les interesa que la campaña se active y es por ello que seguramente lo harán. En caso contrario aumenta para + un centavo, **si solo un centavo**, es decir para $0,0003 y sigue los mismos pasos anteriores, espera, no debes tener prisa.

Paso 3; Supongamos que ya la activaron en $0,0003, inmediatamente baja para $0,0002 y vuelve a esperar. La campaña te va a rodar aun cuando tarde un poco, la idea es que tú controles tu gasto y no que la campaña te controle a ti.

Nota; Debes ir probando hasta encontrar el punto de equilibrio.

Presupuesto, pruebas y test

Conseguir una campaña rentable es difícil, sin embargo, no quiere decir que no lo puedas conseguir. Es a mi modo de ver una cuestión de prueba, inversión y error. Es aquí que hay que saber los importes para probar las campañas.

Normalmente cualquier experto en cpa te recomienda invertir como máximo 3 veces el valor de una oferta en pruebas para determinar si esta campaña puede o no ser rentable. Para el caso que nos ocupa **limitamos de otro modo el presupuesto**.

Por referencias propias, puedo decirte que con un importe no superior a $15 debería ser suficiente para probar una campaña de popunders. Por tanto, este será el importe máximo de nuestra inversión para probar este tipo de campañas.

1. Limita el presupuesto total para probar a $15.
2. Divide el importe en tres de $5 cada para un mejor control.
3. Utiliza el "Throttling" automático para limitar por hora el número de impresiones.

De este modo tienes totalmente controlada tu campaña y tu presupuesto. Y te dará tiempo para ver los resultados e ir aplicando nuevas correcciones. Este paso es importante y necesario para conseguir datos.

Para la elección de los países

Otro de los puntos importantes a tratar son la elección de los países, pensemos que estamos probando y todavía no tenemos datos suficientes, necesitamos saber dónde o que países están convirtiendo mejor.

- Cuando creamos una primera campaña popunder con Popads seleccionaremos "todos los países".
- Dejamos correr toda la campaña los primeros $5 y vemos los primeros resultados.
- Con los primeros resultados creamos una segunda campaña independiente por cada país que más conversiones ha tenido.

Por ejemplo, imagina que ya has gastado $5 en la primera campaña de prueba y has conseguido 10 conversiones de 4 países. En este caso deberías crear una campaña de $5 por cada país que obtuvo conversiones. En total serian 4 campañas de $5 y tendrías corriendo 5 campañas contando la principal.

Importante; No hay que dejar de correr la campaña principal, esta nos sirve como base para recoger la mayor información posible que nos ayudara a afinar el resto de las campañas.

- Corres la segunda fase de la campaña principal, pero en este caso hay que tener más datos de la red Cpa que nos ayuden a afinarla.

Buscamos países con muchas impresiones sin conversiones para eliminar. En este paso cabe saber definir qué países y cuantas impresiones "no son aptas", este dato lo podemos obtener de la red cpa que nos dice la cantidad de países donde le hemos enviado tráfico y la cantidad de impresiones por país.

Seleccionamos el informe de mayor a menor y descartamos aquellos países que recibieron muchas impresiones sin conversiones.

¡Ojo!, no debemos eliminar países que han recibido pocas impresiones, estos todavía están en fase de prueba, solo debemos eliminar aquellos que recibieron impresiones sin ninguna conversión.

Para saber qué países debemos eliminar basta hacer las cuentas, supongamos que hemos gastado $5 y conseguido 15.000 impresiones, si dividimos por el número de países nos dará un resultado.

Por ejemplo, si hemos enviado tráfico para 30 países tenemos 500 impresiones de media por país, aquellos que superen esta media sin conversiones los debemos eliminar.

El resto de los países, tanto los países que consiguieron conversiones independientemente de las impresiones como aquellos países que no llegaron a la media de las impresiones citadas, debemos mantenerlos en esta segunda fase para conseguir más datos.

- Deja correr todas las campañas en fase de $5, o sea, no gastar más dinero hasta tener más datos.
- Con los datos que obtienes afinas las siguientes campañas.

Imagina que en esta segunda fase de la campaña principal has obtenido 2 países más con conversiones y otros dos de los que ya habías obtenido conversiones no se están moviendo. Supongamos que en las restantes 4 campañas que tienes corriendo, dos de ellas han dado algún resultado.

Mezcla los datos, buscamos seleccionar un conjunto de países que estén dando conversiones en las dos fases, la principal y la individual de cada caso. Los países de las campañas individuales sin resultados los descartas.

Los países de las campañas individuales con resultados amplias el presupuesto para + $5, los países de la campaña principal con resultados sin campaña, creas una nueva de $5.

- Corres la última fase de la campaña principal. En este caso vuelves para el paso 4 siguiendo las mismas pautas.

Es decir, eliminas aquellos que tienen muchas impresiones sin conversiones y esperas hasta terminar las campañas para tener más datos.

- Dejas correr solo aquellas campañas con conversiones.

Supón que ya tiene todas las campañas terminadas con sus consiguientes datos, siguiendo los pasos del punto 6 actúas en consecuencia. Mezclas y comparas los datos, aquellas sin movimiento las eliminas, aquellas con conversiones las mantienes y vuelta a repetir los mismos pasos.

Diferentes fuentes de tráfico

Por último, para completar estos consejos extra te hablo de diferentes fuentes de tráfico que puedes utilizar una vez tengas los datos necesarios obtenidos de los pasos anteriores. Se trata de ampliar el alcance para conseguir más conversiones.

Si utilizas diferentes fuentes de tráfico huyes de la monotonía, evitas fraudes en los clics con bots y consigues nuevos visitantes de otros sitios que pueden ayudarte con las conversiones. Además, consigues una experiencia inigualable con poca inversión antes de lanzarte con otras formas de tráfico más efectivo.

Opciones de tráfico popunder

Popads, esta fuente de tráfico popunder es la que utilizo con más frecuencia, este es uno de los motivos de utilizarla como ejemplo para este libro.

Popcash, es muy similar a la anterior con menos opciones de configuración que también te envía tráfico real, de hecho se apoya en Popads. Puedes comenzar desde $5.

La idea que te propongo es que en un primer momento utilices una sola fuente de tráfico hasta que aprendas y la puedas controlar. Después de eso puedes utilizar diferentes fuentes de tráfico para conseguir mayor alcance.

Tráfico popunder avanzado

Aquí te hablo sobre algunas técnicas avanzadas para conseguir mejorar campañas con tráfico popunder. Para llevar a la práctica estas técnicas necesitas algunos conocimientos sobre códigos, landing pages, servidores, etc.

Si utilizas una fuente de tráfico popunder como Popads.net, además de poder configurar las campañas con todas las opciones citadas. También puedes incorporar códigos de seguimiento avanzados que te den datos extra para eliminar todo el tráfico inservible.

Piensa que este tipo de tráfico es "frio" porque no está exactamente enfocado en usuarios altamente interesados, es decir, que no están dispuestos a comprar. Es por estos motivos que nuestra misión será descubrir que tráfico convierte y que tráfico no sirve.

Para ello utilizaremos códigos de seguimiento avanzados que podremos encontrar en la sección de "conocimiento"; https://www.popads.net/kb/advertiser Estos códigos te sirven para identificar desde donde te vienen las conversiones. No los necesitas todos, solo con utilizar los códigos [WEBSITEID] y [CATEGORYID] será suficiente.

Ahora necesitas un sistema de tracking para incorporar dichos códigos, en el caso que nos ocupa lo dividimos en dos grandes grupos de tracking dependiendo de los conocimientos que tengas.

Como este libro habla sobre CPA utilizando Mobidea como Cpa base y Popads.net como fuente de tráfico popunder me centrare solo en estas opciones y no en otras para no perder el enfoque.

Tracking 1; Red cpa Mobidea

Esta red nos permite poder configurar algunos parámetros de tracking básico sin muchas complicaciones, una vez tenemos el link seleccionado, incorporamos dos tipos de ID que nos ayudaran a conseguir los datos que nos interesan.

Ejemplo; "Smart link – Adultos"

http://www.bundasnovinhas.com/?sl=388909-3fa20&data1=Track1&data2=Track2

Tracking 2; Bemob

Bemob se diferencia de la competencia por varias razones, la primera de ellas es que puedes utilizarla gratis hasta 100.000 eventos (clics y conversiones).

La segunda es porque solo pagarás por lo que utilices. La tercera es porque te dan de bonos hasta 1.000.000 de eventos una vez sobre pases el plan contratado.

Otra de las razones que diferencian este tracking es porque ya tiene preinstalados los "tokens" de diferentes redes cpa y fuentes de tráfico que te hace mucho más fácil su utilización reduciendo una gran parte del trabajo.

Puedes probar Bemob gratis Aquí.

Resumen del capítulo 6

El Capítulo 6 condensa la esencia del enfoque práctico del libro; controlar cada variable para transformar el gasto en aprendizaje. No se trata de gastar más, sino de probar con inteligencia, dentro de un presupuesto estricto —$15 como límite máximo—, y con una metodología clara; **dividir la inversión en bloques de $5**, usar throttling automático para evitar quemar el presupuesto en minutos, y aplicar una estrategia progresiva de segmentación por países.

El capítulo enseña a negociar con la plataforma de tráfico, no aceptando los bids sugeridos como dogma, sino probando valores más bajos y ajustando con paciencia para mantener el control del gasto.

También introduce el uso estratégico de tokens como [WEBSITEID] y [CATEGORYID] para identificar qué tráfico convierte, y propone Bemob como herramienta accesible para tracking avanzado sin complejidad técnica.

Más allá de los ajustes técnicos, el mensaje central es disciplinado; no escalar hasta tener datos reales, no eliminar países por poca impresión, y seguir la campaña principal como fuente de información mientras se prueban variantes.

Este enfoque sistemático, repetible y de bajo riesgo es lo que permite al principiante pasar de la incertidumbre a la toma de decisiones basada en hechos, no en suposiciones.

Capítulo 7; Tracking y análisis de datos para principiantes

Imagina por un momento que estás navegando en un barco en medio del océano, sin brújula, sin estrellas, sin GPS. Sabes que debes moverte, así que ajustas las velas y dejas que el viento te lleve. A veces avanzas, a veces das vueltas sin rumbo, y otras veces te estrellas contra algo que no viste venir. Eso es exactamente lo que ocurre cuando haces marketing CPA sin tracking. **No estás invirtiendo; estás adivinando.** Y en este juego, adivinar cuesta dinero.

El tracking no es un lujo ni una complicación técnica reservada para expertos. Es, sencillamente, tu brújula. Es la herramienta que te permite saber de dónde viene cada clic, qué país está generando conversiones, qué categoría de tráfico funciona mejor y, lo más importante, si estás perdiendo o ganando dinero en tiempo real. **Sin tracking, cada dólar que gastas es un salto en la oscuridad.** Con tracking, cada dólar se convierte en una lección. Y esas lecciones son las que construyen tu éxito.

La gran diferencia entre "gastar" e "invertir" no está en la cantidad de dinero que pones en juego, sino en lo que obtienes a cambio. Gastar es enviar tráfico y esperar a ver qué pasa. Invertir es enviar tráfico, medir lo que ocurre, entender por qué ocurre y ajustar para que la próxima vez ocurra algo mejor. Esa transformación —de gasto ciego a inversión inteligente— solo es posible gracias al tracking y al análisis de datos.

En este capítulo no te vamos a abrumar con fórmulas complejas ni con jerga técnica innecesaria. Al contrario; **te vamos a mostrar, paso a paso, cómo medir lo esencial sin perder la cabeza**. Aprenderás qué métricas realmente importan para un principiante, cómo interpretar los reportes de tu red CPA y tu plataforma de tráfico, y, sobre todo, cómo tomar decisiones rápidas y claras basadas en hechos, no en suposiciones.

Porque en CPA, los datos no son solo números; son tu ventaja competitiva, tu mapa, tu feedback constante y tu aliado más confiable.

Al final de este capítulo, no solo sabrás qué medir y cómo hacerlo, sino también qué hacer con esa información para detener lo que no funciona, mejorar lo que está a medio camino y escalar lo que ya está ganando dinero. Y eso, amigo, es el verdadero poder del marketing CPA; **no depender de la suerte**, sino de la estrategia.

¿Qué es el tracking en CPA?

Imagina que lanzas una campaña CPA y, al día siguiente, abres tu panel de la red y ves que hubo 100 clics y 2 conversiones. Parece útil, ¿verdad? Pero... ¿de dónde vinieron esos clics? ¿Fueron de Brasil o de Alemania? ¿De tráfico móvil o de escritorio? ¿De una categoría de entretenimiento o de finanzas? Si solo dependes de los reportes básicos de la red CPA, probablemente no lo sepas. Y sin esa información, estás tomando decisiones a ciegas.

El tracking en CPA es, en esencia, seguir el viaje completo de cada clic hasta su conversión —o hasta su fracaso—. No se trata solo de saber cuántas conversiones tuviste, sino de entender por qué ocurrieron (o no ocurrieron). Es como tener una cámara de seguridad en tu campaña; ves quién entra, por dónde, qué hace y si termina cumpliendo la acción que tú quieres.

Las redes CPA sí te muestran datos, pero su visión está limitada a lo que ellas controlan; el lado final del funnel. No te dicen nada sobre la fuente real del tráfico, el tipo de anuncio, la categoría, el sitio web que generó el clic o el comportamiento previo del usuario. Y eso es un problema enorme cuando estás gastando dinero en múltiples países, categorías o fuentes de tráfico. **Sin tracking propio, no puedes distinguir entre lo que funciona y lo que solo parece funcionar.**

Aquí es donde entra tu sistema de tracking —como Bemob, Voluum, ClickMagick o incluso una configuración básica con tokens—. Él actúa como tu centro de inteligencia; recoge cada variable del viaje del usuario y te la presenta en un formato que puedes usar para tomar decisiones reales. Si ves que en India el EPC es de $0,02 pero en México es de $0,35, ahora ya sabes dónde enfocar. Si notas que una categoría de "juegos" consume el 70 % de tu presupuesto, pero no genera ni una conversión, puedes pausarla al instante.

El tracking no es un lujo técnico; es la base de toda estrategia inteligente en CPA. Gracias a él, dejas de adivinar y empiezas a actuar con precisión. Detienes lo que pierde, ajustas lo que está a medio camino y escalas lo que ya gana. Y eso —más que cualquier truco o hack— **es lo que separa a los afiliados ocasionales de los que construyen ingresos sostenibles en este juego**. Con tracking, cada dólar que gastas no es un gasto; es una lección. Y esas lecciones, acumuladas con disciplina, se convierten en tu mayor ventaja competitiva.

Métricas clave que todo principiante debe entender

En el mundo del CPA, los números no mienten —pero tampoco hablan solos. Necesitas saber qué significan, cómo se relacionan entre sí y, sobre todo, qué te dicen sobre tu campaña. Afortunadamente, no necesitas ser un matemático ni un analista de datos para entender las métricas que realmente importan. Solo necesitas seis conceptos clave, y los vas a dominar en minutos.

Empecemos por lo más básico; las impresiones. Cada vez que tu anuncio aparece en la pantalla de alguien —aunque no haga clic— cuenta como una impresión. Es como si tu oferta estuviera en un cartel en la calle; miles de personas pueden verlo, pero solo algunas se detendrán a mirarlo con atención. Las impresiones te dicen cuánta visibilidad tuvo tu campaña, pero por sí solas no indican éxito.

De esas impresiones, algunos usuarios sí hacen clic. Esos son tus clics; visitas reales a tu landing o directamente a la oferta. Aquí es donde empieza la acción. Cada clic representa a alguien que mostró interés suficiente como para interactuar. Pero atención; no todos los clics valen lo mismo. Un clic desde un país relevante, en un dispositivo adecuado y con intención real, vale mucho más que uno accidental o fraudulento.

Para saber si tu anuncio está atrayendo bien, usas el CTR (Click-Through Rate), que se calcula dividiendo los clics entre las impresiones. Por ejemplo, si tu anuncio se mostró 5.000 veces y recibió 100 clics, tu CTR es del 2%. **Eso es sólido para tráfico popunder.** Un CTR bajo puede significar que tu anuncio no llama la atención; uno muy alto, en cambio, podría ser señal de tráfico de baja calidad (como bots). El equilibrio está en la zona media, realista y sostenible.

Una vez que el usuario hace clic, ¿qué pasa? Aquí entra en juego **la tasa de conversión (CR)**; el porcentaje de clics que terminan en una acción válida (registro, descarga, etc.). Si de 100 clics obtienes 2 conversiones, tu CR es del 2%. Ese número te dice si tu oferta, tu mensaje y tu tráfico están alineados. Una CR baja no siempre es culpa del tráfico; a veces la oferta ya no convierte, o el país no es el adecuado. Pero una CR saludable —aunque sea del 1% o 2%— es una señal clara de que vas por buen camino.

Ahora, hablemos de dinero. El EPC (Earnings Per Click) es tu "salario por clic"; cuánto ganas en promedio cada vez que alguien hace clic en tu anuncio. Si ganaste $12 con 100 clics, tu EPC es de

$0.12. Este número es crucial porque te permite comparar campañas distintas sin importar el presupuesto. Una campaña con EPC de $0.15 es mejor que otra con $0.08, incluso si la primera gastó menos.

Finalmente, el ROI (Return on Investment) te dice si estás ganando o perdiendo dinero. Se calcula así; (Ganancias – Gasto) dividido por el Gasto. En nuestro ejemplo, gastaste $10 y ganaste $12, así que tu ROI es del +20%. **¡Estás ganando!** Un ROI positivo, aunque sea pequeño, es la señal más importante; significa que tu sistema funciona. Si es negativo, no es un fracaso; es un diagnóstico. Te dice que algo necesita ajustarse —el país, la categoría, el bid o la oferta.

Y aquí está la magia; cuando entiendes estas métricas juntas, dejas de operar a ciegas. Ya no preguntas "¿Funcionó mi campaña?", sino "¿Por qué funcionó (o no)?". Ese cambio de mentalidad es lo que separa a los principiantes que se rinden de los que construyen ingresos reales en CPA. Porque en este juego, no se trata de tener suerte; se trata de aprender rápido, ajustar con inteligencia y escalar con confianza. ¡Y tú ya tienes las herramientas para hacerlo!

Cómo leer los reportes de tu red CPA (ej. Mobidea)

Una vez que tu campaña está en marcha, los reportes de tu red CPA —como Mobidea— se convierten en tu mejor aliado. No son solo números en una pantalla; son pistas claras que te dicen exactamente qué está funcionando y qué no. Y lo mejor es que no necesitas ser un analista experto para leerlos. Solo necesitas saber dónde mirar y qué preguntas hacerte.

En Mobidea, por ejemplo, accedes a tus reportes desde el panel de "Stats" o "Estadísticas". Allí verás, en tiempo casi real, datos desglosados por país, dispositivo, hora del día e incluso por fuente de tráfico —si has integrado tokens como [WEBSITEID] o [CATEGORYID] en tu enlace de tracking. Estos detalles te permiten ir más allá del "¿convertí o no?" y entrar en el "¿por qué convertí (o no)?".

Durante las primeras 24 horas, enfócate en tres cosas clave. Primero, compara los países; ¿en cuáles estás obteniendo conversiones reales y en cuáles solo clics sin resultado? No todos los países son iguales, y eso está bien. Lo importante es identificar rápidamente los que sí responden. Por ejemplo, puede que Brasil y México estén generando conversiones desde el minuto uno, mientras que Alemania y Francia acumulan cientos de impresiones y cero acciones. Eso no significa que esos países "no sirvan para siempre", pero sí que, en esta oferta y con este tráfico, no están alineados. Y eso es información de oro.

Segundo, observa el dispositivo. ¿Estás convirtiendo más en móvil o en escritorio? En CPA, especialmente con ofertas de apps o email submit, el tráfico móvil suele dominar. Si ves que el 90 % de tus conversiones vienen de smartphones, ya sabes dónde enfocar tus próximos ajustes; puedes excluir desktop o reducir el bid en esa segmentación para ahorrar presupuesto.

Tercero, presta atención a las señales de alerta. Si una campaña recibe mucho tráfico —digamos, 5.000 impresiones— y no genera ni una sola conversión, algo está mal. Puede ser que la oferta no acepte ese tipo de tráfico (por ejemplo, popunder en una oferta que solo permite SEO), o que el tráfico sea de baja calidad (bots, clics no intencionados). En ese caso, no insistas; pausa y analiza.

Por otro lado, si al principio ves conversiones y luego, de repente, se detienen por completo, es muy probable que la oferta haya cambiado; el anunciante la pausó, modificó las reglas o la saturó con demasiados afiliados. Esto es común en CPA, y por eso es vital revisar los reportes al menos dos veces al día durante las primeras 48 horas.

Lo emocionante de todo esto es que, **con cada campaña, aprendes más.** Cada dato te acerca un paso más a construir un sistema predecible, no basado en la suerte, sino en patrones reales. Y cuando empiezas a reconocer esos patrones —países que siempre responden, dispositivos que convierten, señales que anticipan el fracaso—, dejas de reaccionar y empiezas a anticipar. Ese es el momento en que el CPA deja de ser un juego de azar y se convierte en tu negocio digital escalable.

Introducción al tracking con Bemob (paso a paso para principiantes)

Si estás listo para dar el siguiente paso en tu viaje CPA —ese que te lleva de "probar a ciegas" a "saber exactamente qué funciona"— entonces Bemob es tu nueva mejor herramienta. Y lo mejor de todo; no necesitas ser técnico, ni gastar un solo dólar al principio. Bemob es gratuito hasta 100.000 eventos (clics + conversiones), tiene una interfaz limpia y amigable, y lo más valioso; viene con tokens preconfigurados para redes CPA y fuentes de tráfico como PopAds, lo que significa que no tendrás que adivinar cómo conectar los datos. Todo está listo para que tú te enfoques en lo que realmente importa; aprender rápido y escalar lo que funciona.

Empecemos desde cero. Primero, ve a bemob.com y crea tu cuenta. El registro es rápido; solo necesitas un correo y una contraseña. Una vez dentro, verás un panel intuitivo donde todo gira en torno a tres elementos; campañas, ofertas y enlaces de tracking. Para tu primera campaña, haz clic en "Create Campaign" y dale un nombre claro, como "Mobidea_Smartlink_Mainstream". Luego, en la sección de "Offer URL", pega el smartlink que obtuviste de Mobidea —ese enlace dinámico que redirige automáticamente según el país del visitante. Bemob no modifica tu enlace; solo lo envuelve con su propio sistema de seguimiento.

Ahora viene la magia; antes de guardar, asegúrate de activar los tokens de PopAds. Bemob los tiene integrados por defecto, así que solo necesitas seleccionar "PopAds" como fuente de tráfico, y automáticamente reconocerá variables como [WEBSITEID], [CATEGORYID] y [COUNTRY]. Estos tokens te permitirán saber, por ejemplo, que las conversiones vienen del sitio web #45823, en la categoría "entretenimiento", desde Brasil. Sin esto, todo el tráfico se vería igual. Con esto, cada clic cobra sentido.

Una vez guardada la campaña, Bemob te generará un nuevo enlace de tracking. Ese es el que debes copiar y pegar en PopAds como URL de destino. No uses el smartlink directo de Mobidea; usa siempre el enlace de Bemob. Así, cada clic que PopAds envíe pasará primero por Bemob, se registrará con todos sus datos, y luego será redirigido a la oferta correcta.

Al cabo de unas horas (o minutos, si la campaña va rápido), regresa a tu dashboard de Bemob. Allí verás un resumen en tiempo real; cuántos clics llegaron, cuántos se convirtieron, cuál es tu EPC (ganancia por clic) y, lo más útil, desgloses por país, categoría y sitio web. Puedes hacer clic en cualquier columna y ver, por ejemplo, que México en la categoría "juegos" tiene un EPC de $0.25, mientras que Alemania en "finanzas" apenas alcanza $0.02. Esa información es oro puro; te dice exactamente dónde enfocar tu próximo dólar.

Y aquí va el consejo más importante; no intentes entenderlo todo de inmediato. No necesitas analizar 20 variables. Empieza solo con país y categoría. Esas dos dimensiones te darán el 80 % del valor que necesitas para tomar decisiones inteligentes. Con eso ya podrás pausar países que no convierten, duplicar presupuesto en categorías ganadoras y construir campañas segmentadas con confianza. Bemob no es un laberinto técnico; es tu brújula. Y con ella, cada prueba se convierte en un paso firme hacia el éxito.

Cuándo detener una campaña (protocolo para principiantes)

En CPA, saber cuándo detener una campaña es tan importante como saber cuándo escalarla. De hecho, muchos principiantes pierden dinero no porque sus estrategias sean malas, sino porque no tienen un protocolo claro para decir "basta". La buena noticia es que no necesitas adivinar ni dejarte llevar por la frustración o la esperanza ciega. Todo se reduce a **tres reglas simples**, basadas en datos reales, que te permiten tomar decisiones rápidas, racionales y efectivas.

La primera es la Regla del $5; si inviertes $5 en una campaña y no obtienes ni una sola conversión, es momento de pausarla y analizar qué está fallando. Este límite no es arbitrario; $5 es suficiente para generar cientos de impresiones en tráfico económico como PopAds, lo que te da una muestra mínima válida. Si en ese volumen no hay señal de conversión, es muy probable que la oferta, el tráfico o la combinación no estén alineados. **No insistas esperando un milagro**; mejor redirige ese dinero a otra prueba con más potencial.

La segunda es la Regla del 3x; multiplica por tres el valor promedio de la comisión de la oferta. Por ejemplo, si cada conversión te paga $1, entonces $3 es tu límite máximo de prueba. Si gastas $3 y no recuperas ni un centavo, detén la campaña. Esta regla está diseñada para protegerte de seguir invirtiendo en algo que, estadísticamente, ya ha tenido suficientes oportunidades para funcionar. Recuerda; en CPA no se trata de "darle más tiempo", sino de validar hipótesis con la menor inversión posible.

La tercera es la Regla del país; si un país acumula más de 500 impresiones y cero conversiones, exclúyelo inmediatamente. No importa si es un país "prestigioso" o si crees que "debería" convertir. Los datos no mienten. Ese tráfico no está funcionando para esa oferta, y seguir enviándole presupuesto es como tirar dinero a un pozo. Eliminar esos países no es un fracaso; es una victoria de la disciplina sobre la ilusión.

Y aquí está la clave mental que transforma a un principiante en un afiliado profesional; "**No detengo por emociones. Detengo por números.**" No actúes por impaciencia, frustración, apego o esperanza. Actúa porque los datos te dicen que es el momento. Cada dólar que dejas de perder en una campaña fallida es un dólar que puedes usar para descubrir la próxima campaña ganadora.

Detener no es rendirse. Es filtrar. Es afinar. Es avanzar con inteligencia. Y con estas tres reglas, tendrás un sistema claro, rápido y confiable para proteger tu capital, acelerar tu aprendizaje y construir campañas que no solo funcionan, sino que escalan.

Cómo usar los datos para mejorar tus próximas campañas

Una vez que tienes datos reales de tu campaña —no suposiciones, no intuiciones, sino números concretos— el verdadero poder del CPA comienza a revelarse. Porque en este juego, los datos no son solo información; son instrucciones. Cada clic, cada conversión y cada país que no responde te está diciendo exactamente qué hacer a continuación. Y lo mejor es que no necesitas ser un analista para actuar con inteligencia. Solo necesitas hacer tres preguntas clave y seguir lo que los números te muestran.

Primero; ¿en qué dispositivo convierte mejor? Si ves que el 90 % de tus conversiones vienen de móviles, no pierdas ni un centavo más en desktop. Ajusta tu campaña para enfocarte exclusivamente en tráfico móvil. Esto no solo reduce tu gasto innecesario, sino que mejora tu EPC, porque estás canalizando todo tu presupuesto hacia lo que ya funciona.

Segundo; **¿en qué países se generan las conversiones?** Imagina que, de 50 países probados, solo Estados Unidos y Canadá generan resultados reales. Entonces, en tu próxima prueba, excluye los otros 48. No los "dejes por si acaso". Elimínalos. Así, tu presupuesto ya no se diluye en tráfico que no convierte, sino que se concentra en los mercados que sí responden. Y con ese enfoque, incluso con $5 puedes obtener más conversiones que antes con $20.

Tercero; **¿qué categoría de tráfico impulsa tus resultados?** Si descubres que la categoría "entretenimiento" genera el 80 % de tus conversiones, mientras que "finanzas" o "tecnología" apenas aportan ruido, simplifica. Usa solo "entretenimiento" en tu próxima campaña. Menos opciones no significa menos oportunidades; significa más claridad, más control y más eficiencia.

Con estos tres filtros —dispositivo, país y categoría— ya tienes una fórmula repetible. Pero puedes ir un paso más allá; construye tu propia "lista de países ganadores". Cada vez que una campaña da resultados, anota qué países funcionaron. Con el tiempo, verás un patrón; quizás México, Brasil, India y Filipinas aparecen una y otra vez, independientemente de la oferta o el nicho. Esa lista se convierte en tu atajo personal.

La próxima vez que pruebes una nueva oferta, en lugar de lanzar a todos los países, empieza directamente con tus "ganadores probados". Así reduces el tiempo de prueba, minimizas pérdidas y aceleras tu camino hacia la rentabilidad.

Y recuerda; no se trata de adivinar qué podría funcionar. Se trata de dejar que los datos te digan qué ya funciona. Cada campaña es una lección, y cada lección te acerca más a un sistema predecible, escalable y rentable. Con esta mentalidad, no estás apostando; estás construyendo.

Errores comunes de tracking (y cómo evitarlos)

Uno de los mayores obstáculos que enfrentan los principiantes en CPA no es la falta de presupuesto ni la complejidad de las ofertas, sino un error silencioso pero costoso; **hacer tracking mal o, peor aún, no hacerlo en absoluto.** Afortunadamente, estos errores son fáciles de evitar una vez que los conoces, y corregirlos puede marcar la diferencia entre quemar dinero y construir un sistema rentable.

El primer error —y el más común— es usar el link directo de la red CPA sin pasar por un sistema de tracking propio. Puede parecer más rápido o más simple, pero al hacerlo, pierdes todo el contexto; no sabes qué país generó el clic, qué categoría de tráfico funcionó, ni si el dispositivo era móvil o desktop. Es como conducir con los ojos cerrados; avanzas, pero no sabes hacia dónde. La solución es clara; siempre envía tu tráfico a través de una herramienta como Bemob, incluso si solo usas el smartlink. Ese pequeño paso te da control, visibilidad y, sobre todo, la capacidad de aprender.

El segundo error está estrechamente relacionado; no usar tokens. Los tokens —como [COUNTRY], [CATEGORYID] o [WEBSITEID]— son pequeños fragmentos de código que PopAds (y otras fuentes) insertan automáticamente en tu enlace para identificar de dónde viene cada clic. Si no los incluyes en tu configuración de tracking, todos los clics se ven iguales, y pierdes la posibilidad de segmentar, comparar y optimizar. No necesitas dominarlos todos desde el primer día; con solo dos —país y categoría— ya tendrás el 80 % del valor que necesitas para tomar decisiones inteligentes.

El tercer error es confundir "clics" con "conversiones válidas". Muchas redes CPA muestran conversiones en tiempo real, pero eso no significa que todas se paguen. Algunas se rechazan horas o días después por fraude, datos incompletos o violación de las reglas del anunciante. Si tomas decisiones basadas solo en las conversiones iniciales, podrías escalar una campaña que en realidad no es rentable. Por eso, es vital revisar tus reportes al menos a las 24 y 48 horas, y fijarte en las conversiones "confirmadas" o "aprobadas", no solo en las "pendientes".

Y eso nos lleva al cuarto error; no esperar el tiempo suficiente para evaluar una campaña. El CPA no es un sprint; es una carrera de resistencia con fases de calentamiento. Algunas ofertas tardan en calentar, otras dependen de la hora del día o del comportamiento del usuario en su país. Si juzgas una campaña a los 30 minutos, es probable que te pierdas conversiones reales que llegan más tarde. La regla de oro es clara; espera al menos 24 horas antes de tomar una decisión definitiva, especialmente si ya viste señales tempranas de actividad.

Evitar estos errores no requiere tecnología avanzada ni conocimientos técnicos profundos. Solo requiere disciplina, un poco de paciencia y el hábito de preguntarte; "¿tengo los datos necesarios para decidir?". Cuando respondas "sí" con confianza, sabrás que ya no estás adivinando; estás construyendo un negocio basado en hechos, no en esperanzas.

Resumen del Capítulo 7

Este Capítulo no es solo una lección técnica; es tu puerta de entrada a la toma de decisiones inteligente en CPA. Porque sin tracking, estás navegando a ciegas; con él, cada clic se convierte en una pista, cada conversión en una confirmación y cada error en una oportunidad de mejora. Este capítulo te muestra que el verdadero poder del marketing CPA no está en gastar más, sino en aprender más con cada dólar invertido.

Aprenderás a distinguir entre lo que parece funcionar y lo que realmente funciona, gracias a métricas como el CTR, la CR, el EPC y el ROI —no como números abstractos, sino como señales claras que te dicen cuándo detenerte, ajustar o escalar. Descubrirás cómo leer los reportes de tu red CPA con ojos de estratega, identificando patrones en países, dispositivos y categorías, y detectando señales de alerta antes de que se conviertan en pérdidas.

Con Bemob, tendrás una herramienta accesible, intuitiva y potente que te permitirá, desde el primer día, medir lo esencial sin ahogarte en complejidad. Y lo más importante; te darás cuenta de que no necesitas controlar todo para tener control. Basta con enfocarte en dos variables —país y categoría— para obtener el

80 % del valor que transforma una campaña aleatoria en un sistema repetible.

Este capítulo también te da un protocolo claro para saber cuándo decir "basta", basado en reglas simples, no en emociones. Porque en CPA, la disciplina es tu mayor ventaja. Y al final, te invita a convertir cada dato en acción; excluir lo que no sirve, reforzar lo que sí y construir tu propia "lista de países ganadores" que te ahorrará tiempo, dinero y frustración en cada nueva prueba.

En resumen, el Capítulo 7 te convierte de espectador en director de tu campaña. Ya no esperas resultados; los diseñas, los mides y los mejoras. Y eso —más que cualquier truco o herramienta— es lo que construye ingresos sostenibles en el mundo del CPA.

Apéndice; Recursos actualizados para tu viaje CPA

📌 *Lista de redes CPA*

⚠️ **Importante**; "Estas redes están verificadas en Septiembre de 2025. Las condiciones pueden cambiar. Siempre revisa los TOS antes de promocionar."

1. AdsEmpire

- Especialidad; Ofertas de citas exclusivas, Smartlink, cobertura global.
- Umbral de pago; $250
- Frecuencia; Semanal / Mensual
- Comisiones; CPL (SOI/DOI), CPA, RevShare
- Formas de pago; Wire, Paxum, PayPal, Genome, Paysera, Bitcoin
- Destaca por; Patrocinios, eventos para afiliados top, soporte activo.

2. Perform[cb] (antes Clickbooth + Adperio + Ignite OPM)

- Especialidad; Finanzas, estilo de vida, salud, citas.
- Umbral de pago; $50

- Frecuencia; Mensual
- Comisiones; CPA, CPI, CPL, CPE, CPS, CPC
- Formas de pago; Cheque, PayPal, transferencia bancaria, ACH

3. financeAds

- Especialidad; Publicidad financiera (bancos, seguros, fintech).
- Umbral de pago; $50
- Frecuencia; Quincenal
- Comisiones; CPA, CPL, CPS, CPC
- Destaca por; Programas exclusivos para editores europeos.

4. dr.cash

- Especialidad; Nutra (salud y belleza), 2000+ ofertas, 240 GEOs.
- Umbral de pago; $50
- Frecuencia; Diaria
- Comisiones; CPA, CPL
- Formas de pago; Wire, PayPal, Paxum, Capitalist, tarjeta de crédito, Webmoney, USDT, Bitcoin
- Destaca por; Soporte 24/7 y orientación en tiempo real sobre qué promocionar.

5. Mobidea

- Especialidad; Ofertas móviles, SmartLink geodirigido.
- Umbral de pago; $50
- Frecuencia; Mensual
- Comisiones; CPA
- Formas de pago; Transferencia bancaria, PayPal, Paxum, Payza, ePayments, Firstchoice Pay
- Recomendada por; Charles Ngo (afiliado top) para principiantes.

6. CrakRevenue

- Especialidad; Adulto, citas, gaming, cripto.
- Umbral de pago; $100 (transferencia bancaria)
- Frecuencia; Semanal / Bimensual
- Comisiones; CPL, CPS, CPI, RevShare
- Formas de pago; Cheque, Paxum, Wire, Firstchoice Pay, ePayService
- Destaca por; +1.000 ofertas y programa de referidos (5% extra).

7. MaxBounty

- Especialidad; Red CPA clásica y confiable (desde 2004).
- Umbral de pago; $100
- Frecuencia; Semanal
- Comisiones; CPA, CPL, CPS

- Formas de pago; Cheque, PayPal, Wire, Payoneer, ACH
- Destaca por; Gestor de afiliados dedicado, +2.000 campañas globales.

8. FireAds

- Especialidad; Adulto, citas, juegos, cripto.
- Umbral de pago; $20
- Frecuencia; Bimensual
- Comisiones; CPA, CPS, CPL, CPI, PPI, Wap Opt-In
- Formas de pago; Wire, PayPal, WebMoney, ePayments, TransferGo
- Destaca por; Ofertas con pagos de hasta $350 por conversión.

9. CPAlead

- Especialidad; Ofertas móviles y de escritorio, sin necesidad de segmentación.
- Umbral de pago; $50
- Frecuencia; Semanal
- Comisiones; CPA, CPC, bloqueo de contenido, CPI
- Formas de pago; PayPal, Payoneer, cheque, ACH, transferencia
- Destaca por; Socios como Amazon, Netflix, Spotify; +$100M pagados a afiliados.

10. Adsterra (CPA)

- Especialidad; CPA integrado en red publicitaria, enfoque afiliado-first.
- Umbral de pago; $5 (uno de los más bajos)
- Frecuencia; Todos los lunes
- Comisiones; CPI, CPA, CPL
- Destaca por; Pagos antes de la aprobación del anunciante (para afiliados confiables).

11. CPAmatica

- Especialidad; Citas y sorteos, también pérdida de peso, salud, juegos.
- Umbral de pago; $50
- Frecuencia; Semanal
- Comisiones; CPA, CPI, CPS, CPL

12. Admitad

- Especialidad; Modelo CPA flexible, personalización por nicho.
- Umbral de pago; $20
- Frecuencia; Semanal (transferencia a petición)
- Destaca por; Soluciones publicitarias adaptadas al tráfico del editor.

13. AdWork Media

- Especialidad; Ofertas móviles, contenido fijo, encuestas, pruebas gratuitas.
- Umbral de pago; $35

- Frecuencia; Mensual (puede cambiarse a semanal)
- Formas de pago; PayPal, ACH, cheque, transferencia, Payoneer, Payza
- Destaca por; Bonificaciones por rendimiento.

14. MyLead

- Especialidad; Ideal para principiantes, +2.000 ofertas en múltiples verticales.
- Umbral de pago; $20
- Frecuencia; En 14 días laborables tras solicitud
- Comisiones; CPA, CPL, CPS, PPI, COD
- Herramientas; Smartlinks, A/B testing, notificaciones SMS, casilleros de contenido/video.

15. Advendor

- Especialidad; Criptomonedas (nueva red emergente).
- Umbral de pago; $50
- Frecuencia; Semanal
- Comisiones; CPA, CPL, CPI, CPS, RevShare
- Nota; Poca información pública; potencialmente arriesgada por ser nueva.

16. GoldLead (desarrollada por Adscompass)

- Especialidad; iGaming, citas, utilities, sorteos.
- Umbral de pago; $50

- Frecuencia; Semanal
- Comisiones; CPA, CPL, CPI
- Tráfico admitido; Push, redes sociales, pop, móvil, adulto, teasers, etc.

17. Clickout

- Especialidad; Cripto, finanzas, salud, apuestas; enfoque en big data.
- Frecuencia; Semanal
- Formas de pago; Transferencia bancaria, BTC, USDT, FIAT
- Destaca por; Optimización avanzada de tráfico y comisiones competitivas.

📌 *Lista de Trackers que utilizo*

- **Bemob**; https://bemob.com/?ref=m7xwo226t3
- **ClickMagick**; https://clickmagick.com/go/clicmaggic

📌 *Lista de Fuentes de tráfico Popunder*

- **Popads**; https://www.popads.net/users/refer/400399
- **Popcash**; https://popcash.net/home/142167

Conclusión

Llegar hasta aquí no es casualidad. No es solo que hayas leído un libro; es que decidiste no quedarte en la duda. Elegiste entender antes de invertir, probar antes de presumir, y aprender antes de rendirte. Y eso —más que cualquier táctica o enlace inteligente— es lo que realmente te va a diferenciar.

El CPA no es un atajo. **Es un laboratorio.** Un espacio donde cada dólar gastado puede convertirse en conocimiento, cada fracaso en ajuste, y cada pequeña conversión en la semilla de un sistema que, con el tiempo, trabaja mientras tú duermes. Pero solo si aceptas jugar con disciplina, curiosidad y respeto por el proceso.

Lo que has visto en estas páginas no es una fórmula mágica. **Es un mapa.** Uno que no promete riqueza instantánea, pero sí te muestra cómo moverte sin perderte. Cómo probar sin quemarte. Cómo escalar sin caer. Y, sobre todo, cómo convertir la incertidumbre en ventaja; porque mientras otros adivinan, tú medirás. Mientras otros se rinden tras la primera pérdida, tú ajustarás. Y mientras otros buscan el "truco definitivo", tú estarás construyendo un método que nadie te puede quitar.

El verdadero activo no es el smartlink, ni el tráfico barato, ni siquiera la red CPA más generosa. **El verdadero activo eres tú**; tu capacidad para observar, aprender y actuar con intención. Todo lo demás es herramienta. Y las herramientas, por muy buenas que sean, solo cobran vida en manos de quien sabe usarlas con paciencia y propósito.

Así que ahora, con todo lo que sabes, no necesitas más teoría.

Necesitas tu primera campaña. Tus primeros $5 bien gastados. Tu primer "no funcionó... pero ahora sé por qué". Porque el CPA no se domina leyendo. **Se domina haciendo** —y haciendo bien lo básico, una y otra vez, hasta que lo básico empieza a rendir.

No tienes que ser perfecto. Solo constante. **No tienes que gastar mucho**. Solo pensar con claridad. Y no tienes que tener todas las respuestas. Solo la voluntad de descubrirlas, una prueba a la vez.

El camino ya está trazado. Ahora, te toca a ti dar el primer paso —no con miedo, sino con curiosidad. Porque detrás de cada conversión, hay una lección. Y detrás de cada lección, estás tú; más preparado y más cerca de tus objetivos.

¡Adelante! Tu primera campaña rentable no está en el futuro. Está en la próxima decisión que tomes.

*** **Muchas gracias por el tiempo que has dedicado a la lectura de este libro.** Espero te haya podido ayudar. No te olvides de dejar tu comentario.

Sobre el autor

Me llamo Francisco González, **y no**, no soy un gurú del marketing ni un experto con décadas de experiencia en agencias internacionales. **Soy alguien como tú**; curioso, apasionado, y sobre todo, aprendiz constante.

Todo empezó por accidente —como muchas de las mejores historias—. Un día, me senté frente a una computadora sin saber mucho de marketing, SEO o redes sociales... solo con ganas de entender cómo funciona este mundo digital que mueve ideas, emociones y negocios. **Desde entonces, no he parado.** He leído cientos de libros, probado decenas de herramientas, cometido (y aprendido de) cientos de errores, y celebrado pequeños —y grandes— triunfos junto a emprendedores, marcas y creadores como tú.

Este libro no es teoría sacada de manuales académicos. **Es el resultado de años de práctica**, de ensayo y error, de noches en vela analizando métricas, de campañas que funcionaron... y de otras que no. Es la síntesis de lo que realmente funciona en el marketing de contenidos hoy —no lo que suena bonito en los blogs, sino lo que genera tráfico, engagement, leads y ventas.

He ayudado a startups a encontrar su voz, a emprendedores solitarios a construir audiencias leales, y a marcas a contar historias que conectan de verdad. Y lo más importante; he visto cómo el contenido, cuando se crea con intención, estrategia y corazón, puede transformar no solo negocios, sino también vidas.

Sí, este libro fue creado con la ayuda de la inteligencia artificial —porque creo en usar todas las herramientas que la tecnología pone a nuestro alcance—. Pero cada idea, cada estructura, cada consejo práctico, viene de mi experiencia real, de mi obsesión por el marketing de contenidos y de mi compromiso contigo; el lector que está listo para pasar de la teoría a la acción.

Este libro es mi regalo para ti. Mi forma de decirte; "Sí se puede. Sí puedes construir una marca, una audiencia, un negocio… con contenido de valor. Y yo te voy a mostrar cómo, paso a paso." Gracias por confiar en mí. Ahora, ¡manos a la obra!

Francisco González

Más libros en: https://amzn.to/3qzBZWt

https://payhip.com/dineroenblog

https://clickbankebooks.taplink.site

Mi nueva marca;

https://fgperspectiva.vercel.app/

Mi último blog:

https://despertarindomable.blogspot.com/

Más recomendaciones:

https://taplink.cc/dineroenblog

www.ingramcontent.com/pod-product-compliance
Lightning Source LLC
Chambersburg PA
CBHW071515220526
45472CB00003B/1034